EL
PODER DE
LOS NOMBRES
JESÚS

Date: 1/4/22

Libros de Tony Evans publicados por Portavoz:

30 días hacia la victoria a través del perdón

30 días para derribar fortalezas emocionales

30 días para superar los comportamientos adictivos

Alcanza la victoria financiera

¡Basta ya de excusas!

¡Cuidado con esa boca!

Discípulos del reino

El matrimonio sí importa

Nunca es demasiado tarde

Oración del reino

Oraciones para la victoria en la guerra espiritual

Oraciones para la victoria en tu matrimonio

El poder de la cruz

El poder de los nombres de Dios

El poder de los nombres de Dios en la oración

El poder de los nombres de Jesús

Solo para esposas

Solo para esposos

Sexo… una relación diseñada por Dios

Victoria en la guerra espiritual

EL PODER DE LOS NOMBRES

JESÚS

TONY EVANS

EDITORIAL
PORTAVOZ

La misión de *Editorial Portavoz* consiste en proporcionar productos de calidad —con integridad y excelencia—, desde una perspectiva bíblica y confiable, que animen a las personas a conocer y servir a Jesucristo.

CONTENIDO

La celebridad de Jesús. 7

Parte 1: Poder en su posición

1. Emanuel. 13
2. El Alfa y la Omega. 31
3. Rey. 45
4. Cordero de Dios. 63
5. Gran Sumo Sacerdote. 85
6. Soberano 101

Parte 2: Poder en su persona

7. Yo Soy 123
8. Señor 145
9. Jesús. 165
10. Cristo. 185
11. Hijo de Dios, Hijo del Hombre 207
12. La Palabra. 223

Hay algo asombroso en ese nombre 239

Dr. Tony Evans y la Alternativa Urbana 245

Reconocimientos

Quiero agradecer a mis amigos de *Harvest House Publishers* por su constante colaboración en el material impreso de mis pensamientos, estudios y palabras. Quiero agradecer en particular a Bob Hawkins por su amistad a lo largo de los años, como también por su búsqueda de la excelencia en el liderazgo de su compañía. Me gustaría agradecer públicamente a Terry Glaspey, Betty Fletcher y Amber Holcomb por su ayuda en el proceso de edición. Sumado a ello, mi aprecio se extiende a Heather Hair por sus habilidades e ideas en la colaboración de este manuscrito.

LA CELEBRIDAD
DE JESÚS

Vivimos días de celebridades artificiales y sustitutos de celebridades. Son personas que buscan renombre por medio de la popularidad, la posición o el poder. Todos quieren ser reconocidos. Algunos de nosotros hasta nos ponemos una camiseta con el nombre de un deportista solo para identificarnos con él, alguien que jamás conocimos.

Las redes sociales también han presentado muchas formas de celebridades a nuestro mundo. Ahora podemos sentir que tal vez conocemos a los famosos porque vemos sus publicaciones en Instagram, leemos sus blogs o escuchamos sus *podcasts*. Podría *parecer* que los conocemos, pero solo sabemos lo que ellos deciden revelar. Sin embargo, nunca es suficiente, y las redes sociales han dado lugar a un fenómeno conocido como "celebridad instantánea". Según el número de seguidores que tiene una persona en línea, él o ella pueden recibir propuestas de patrocinadores y tantos otros.

Parece como si, en el mundo de hoy, estuviéramos rodeados de celebridades o imitaciones baratas de celebridades. Hay gran cantidad de personas en nuestra cultura de las cuales tenemos real consciencia, ya sea por sus talentos, sus destrezas deportivas o su presencia en las redes sociales. Sin embargo, la popularidad de un famoso promedio disminuye con el paso del tiempo. Y, aunque logren mantenerla por más de lo habitual y los homenajeen con monumentos o desfiles en su nombre, la mayoría de la gente solo pensará en ellos cuando lean libros de historia, miren un desfile o visiten un monumento.

Personas con grandes plataformas podrían parecer deslumbrantes en este momento. Su número de seguidores podría ser enorme; pero, con el tiempo, todo se disipa.

Sin embargo, hay un nombre que nunca cayó en el olvido ni nunca lo hará: el nombre de Jesús.

Nunca publicó un libro, aun así, hay más libros escritos sobre Él que sobre cualquier otro tema. Jamás escribió una canción, aun así, hay más canciones compuestas sobre Él que sobre cualquier otra persona del mundo. Nunca viajó físicamente a más de 500 kilómetros del lugar donde nació, aun así, casi no hay ningún lugar de la tierra donde no se conozca su nombre. Nuestro calendario está determinado por su entrada en la historia de la humanidad. Su notoriedad solo crece con el paso del tiempo, a pesar de que hace 2.000 años que no está físicamente en este planeta.

Jesús es una celebridad única. Los negocios cuentan con las ganancias que harán el día de su cumpleaños. Saben que, cuando llegue ese día, experimentarán un enorme crecimiento en las ventas. Familias se juntarán en todo el mundo a celebrar su resurrección. Los cuatro Evangelios brindan un relato de su nacimiento. Y Pablo hace un resumen teológico de por qué

Jesús es el único candidato válido para el calificativo de "celebridad" en Filipenses 2:6-7: "el cual, siendo en forma de Dios, no estimó el ser igual a Dios como cosa a que aferrarse, sino que se despojó a sí mismo, tomando forma de siervo, hecho semejante a los hombres".

Jesús, una parte única de la Deidad, se hizo siervo por nosotros y se despojó a sí mismo. Los teólogos lo llaman *kénosis,* cuando la deidad se despoja a sí misma y asume la naturaleza humana. Lo que hubo esa primera mañana de Navidad fue un bebé que había creado a su propia madre. Lo que hubo fue un bebé en un establo que había creado a su propio padrastro, al igual que a los burros, las ovejas y los pastores que lo rodeaban. Había hecho el heno donde estaba acostado. Había formado la tierra en la cual se apoyaba su cama. El día que Jesús entró como un bebé a esta tierra, Dios mismo se hizo carne. Se convirtió en el ser humano más incomparable que jamás haya existido y el único a quien se le debe dar el verdadero estatus de celebridad, como lo dijo el apóstol Pablo en Filipenses 2:9-11: "Por lo cual Dios también le exaltó hasta lo sumo, y le dio un nombre que es sobre todo nombre, para que en el nombre de Jesús se doble toda rodilla de los que están en los cielos, y en la tierra, y debajo de la tierra; y toda lengua confiese que Jesucristo es el Señor, para gloria de Dios Padre".

Además, a diferencia de la mayoría de las celebridades que viajan con una comitiva y mantienen a los demás alejados, Jesús hizo posible que lo conozcamos tanto como queramos. Se hizo accesible a nosotros. Vino para que podamos tener vida y conocer su presencia íntimamente. Y conocerlo nos da acceso a cosas que solo una celebridad como Jesús puede obtener.

A medida que conozcas y entiendas los diferentes nombres y las diferentes descripciones de Jesús a lo largo de este libro y te sometas a su autoridad, descubrirás que puedes recibir el poder de la única y más importante celebridad del universo: Jesús, tu Señor, tu Cristo y tu Dios.

PARTE 1

PODER EN SU POSICIÓN

*Por tanto, el Señor mismo os dará señal: He
aquí que la virgen concebirá, y dará a luz
un hijo, y llamará su nombre Emanuel.*

Isaías 7:14

*Todo esto aconteció para que se
cumpliese lo dicho por el Señor por
medio del profeta, cuando dijo:
He aquí, una virgen concebirá y dará a luz
un hijo, y llamarás su nombre Emanuel,
que traducido es: Dios con nosotros.*

Mateo 1:22-23

1

EMANUEL

Los nombres son importantes.

Cuando pronuncias el nombre de una persona, estás hablando de su identidad. Si te acercaras a un grupo de personas que conoces y pidieras hablar con alguien que se llama Álex, sería Álex quien te contestaría, no Chris. La razón por la que Álex respondería es porque ese es su nombre. Esa es su identidad, no la identidad de Chris.

Los nombres son más que nomenclaturas. Los nombres conllevan una identidad. En la Biblia, los padres ponían nombre a sus hijos lo antes posible con la intención de determinar sus esperanzas y sueños. Por eso, los padres elegían un nombre que reflejara lo que el niño estaba destinado a ser.

Los nombres son importantes.

Algunos nombres han quedado en deshonra. No vemos a padres que llamen Adolf Hitler, Judas o Jezabel a sus hijos. Si lo hicieran, la mayoría de la gente se preguntaría por su salud mental. Algunos podrían preguntar: "¿Por qué le pusiste ese nombre a tu hijo? ¿Sabes qué significa ese nombre?".

¿Por qué? Porque los nombres son importantes.

Hay otros nombres que, cuando se pronuncian, evocan de inmediato pensamientos que van mucho más allá de sus propias sílabas. Si una persona nombrara a Bill Gates, la mayoría de la gente pensaría en riquezas y logros. Si hablaras de Obama o Trump, suscitarías pensamientos concernientes a un alto cargo o posición... y tal vez fuertes convicciones. Si alguien mencionara a Michael Jordan, nos vendría a la mente el baloncesto y la grandeza. Eso se debe a que un nombre refleja una identidad.

Si los nombres son importantes para nosotros, te puedes imaginar cuánto más importantes son para Dios: el Creador y autor de la humanidad, a cuya imagen fuimos creados.

Los diversos nombres de Dios reflejan su carácter y sus atributos. Él se refiere a sí mismo a lo largo de las Escrituras con diferentes nombres. Cada uno nos acerca a una de sus características y a una conexión relacional con Él, que nos ayuda a identificar quién es Él en cada momento y situación en particular. La diversidad de sus nombres nos permite conocerlo mejor, al igual que entender la cantidad de maneras en que puede obrar, tanto en, como a través de nuestras vidas.

No solo Dios el Padre se identifica con varios nombres significativos, también Jesús, el Hijo de Dios, tiene varios nombres. Antes de estudiar cualquiera de estos, tomemos un tiempo para preparar el escenario. Estás invitado a tomar asiento mientras se levanta el telón y comienza la primera escena que revelará y dará la bienvenida a Jesús a este mundo.

Volvamos nuestra atención a unos 2.000 años atrás.

Un nacimiento único

Un nuevo nacimiento en una familia real, por lo general, viene acompañado de gran pompa y ostentación. Las noticias saturan los medios de comunicación y se hace un gran festejo. Sin embargo, no fue así en el caso de Jesús. Vino como rey, y podría haber nacido en un castillo. Aun así, el bebé nació en un establo de padres que eran humildes y desconocidos. Y llegó casi inadvertido en este mundo. Nadie envió flores. Ninguna niñera ayudó a cambiar sus pañales. Los pocos regalos que recibiría llegarían mucho después.

¿Por qué deberíamos prestar atención a Jesús? Porque el mismísimo corazón del cielo había latido en el vientre de una joven durante los nueve meses previos. Es muy probable que María, la madre de Jesús, apenas una joven adolescente, tuviera una fe más grande que los años que había vivido. De su cuerpo salió la omnipotencia de Dios cubierta por las limitaciones humanas.

Su hijo era carne, huesos, tendones y sangre, aunque también era la perfección de la Deidad. Sintió hambre porque era completamente humano, sin embargo, luego alimentaría a cinco mil personas porque era completamente Dios (Lucas 9:10-17). Tuvo sed porque era completamente humano, sin embargo, un día caminó sobre el agua porque era completamente Dios (Juan 6:16-21). Criado por una joven campesina y un carpintero, crecía en conocimiento (Lucas 2:52), pero también sabía lo que otros pensaban (Mateo 9:3-4).

El nacimiento de Jesús fue como ningún otro, pues en Él, Dios tomó cuerpo de hombre. La Deidad estaba en pañales.

No obstante… ¿Cómo podía una virgen tener un bebé?

Si alguien conocía las dificultades que rodeaban a un

nacimiento virginal, ese era Lucas. Lucas, el escritor del Evangelio que lleva su nombre, era médico de profesión y de cultura griega. Estaba atentamente concentrado en los detalles, la información y el orden. Sus escritos reflejan una estructura y una cuidadosa investigación. Ningún indicio de fábula, mito o ficción circunda sus palabras. Era un erudito e intelectual. Si alguien sabía que una virgen no puede dar a luz, era un médico. Aun así, fue un médico que escribió sobre un nacimiento virginal con la misma fluidez de un médico que escribe notas en la historia clínica de un paciente.

Paciente: María

Historia: Virgen

Estado: Madre

Cuando voy al médico, por lo general hago una lista escrita de las cosas que le quiero preguntar. Tal vez tú también hagas una lista; después de todo, no siempre tenemos la oportunidad de hablar con un médico. Además, el médico tiene poco tiempo. He descubierto que, si no tengo mis preguntas preparadas y escritas, salgo de la cita médica, me subo al auto, y recién ahí me acuerdo de esa pregunta importante que le quería hacer.

Tal vez al haber tratado con sus propios pacientes durante años de práctica, es probable que Lucas aprendiera a anticiparse a las preguntas también. Al considerar lo particular de la situación de María, quizá supuso que la mayoría de las personas se preguntaría cómo podía una virgen tener un bebé. Tal vez esa es la razón por la que decidió aclararlo desde el principio.

Dos veces, en Lucas 1:26-33, decide usar la palabra *virgen*. Dos veces destacó el detalle singular que es decisivo para todo lo demás. Dos veces nos llama la atención con una contradicción tan obvia. A fin de cuentas, ¡todos saben que una virgen no puede tener un hijo!

El énfasis de Lucas destaca el papel de Dios en este acontecimiento. No fue una concepción normal. No pases por alto este detalle. Sin esa distinción, el hijo de María hubiera sido como el de cualquier otro. Sin embargo, en esta concepción y nacimiento únicos, lo inmaterial y lo material se fusionaron. Nobleza se introdujo en la pobreza. La santidad divina se combinó con la humanidad. Dios se hizo hombre.

Mateo no era un médico, pero en su Evangelio da otro testimonio para destacar el nacimiento de una virgen. En la genealogía de nuestro Señor, escribió "y Jacob engendró a José, marido de María, de la cual nació Jesús, llamado el Cristo" (Mateo 1:16).

La expresión *la cual* es importante en este versículo, ya que en griego hace referencia a un pronombre relativo femenino en singular. Ahora bien, no te confundas con todos esos términos. Básicamente, lo que nos dice la terminología es que Jesús fue concebido a través de María, pero no de José. En otras palabras, José era el esposo de María, pero no era el padre de Jesús. Jesús fue concebido por el Espíritu Santo para que su naturaleza humana pudiera estar libre de pecado. Su humanidad tenía, tanto un origen celestial a través del poder del Espíritu de Dios, como un origen terrenal a través de María. El nacimiento virginal franqueó así la transferencia de la naturaleza pecaminosa.

Dios había enviado al ángel Gabriel para comunicar las

circunstancias de la concepción y el nacimiento de Jesús a María. Era muy excepcional tener una visita angelical, y sus palabras fueron aún más inusuales. Sin embargo, como dijo Gabriel, nada de eso debía atemorizar a María porque "Dios es contigo" (ver Lucas 1:28, 30).

Gabriel pasó a señalar a María la función especial que cumpliría Jesús en la historia… y por la eternidad. "Este será grande, y será llamado Hijo del Altísimo; y el Señor Dios le dará el trono de David su padre; y reinará sobre la casa de Jacob para siempre, y su reino no tendrá fin" (vv. 32-33).

Como el Mesías y Rey sobre todos, Jesús estableció las reglas de su reinado. Sentó las bases a través de su vida. En su reino, ni la raza, ni el género, ni la riqueza ni la condición social determinan nuestro lugar en Él (Gálatas 3:28). Cristo da fuerza al débil que reconoce su debilidad y confía en Él. El perdón triunfa sobre la amargura, y la cantidad de dinero que posees (o no posees) no importa; lo que importa es el corazón. La importancia en el reino de Jesús está vinculada al servicio (Juan 13:12-17).

El bebé nacido de la virgen, recostado sobre el suave heno de un pesebre, no vino solo para vivir y morir, sino para reinar en poder y gloria. A través de Jesús, el Dios de los cielos ha establecido un reino que jamás será destruido ni entregado a otro pueblo (Daniel 2:44). Su reino e imperio permanecerán para siempre.

María no cuestionó el anuncio de Gabriel, pero sí preguntó: "¿Cómo será esto?" (ver Lucas 1:34). No dudó del poder o la capacidad de Dios, pero sí se preguntó cómo haría el milagro.

La respuesta de Gabriel tiene un profundo significado:

"El Espíritu Santo vendrá sobre ti, y el poder del Altísimo te cubrirá con su sombra" (v. 35). Considera esa declaración a la luz de otros pasajes de las Escrituras:

"Porque un niño nos es nacido, hijo nos es dado" (Isaías 9:6). Nota la palabra: *dado*. Dios nos ha dado al Hijo. Como Hijo de Dios, Jesús ya existía, pero vino a la tierra a través de un nacimiento humano. Por esa razón se podría decir que Él creó el universo. Muchos quieren que Jesús siga en el pesebre porque no quieren enfrentarse a su Deidad. Mientras puedan mantenerlo dormido en el establo, no necesitarán reconocer la realidad de que Él es Dios sentado en el trono. No obstante, Él ya era Dios. Por eso, el Hijo tuvo que ser "dado".

"Pero cuando vino el cumplimiento del tiempo, Dios envió a su Hijo, nacido de mujer y nacido bajo la ley" (Gálatas 4:4). Pablo recalca la realidad de que la Deidad se fusionó con la humanidad. Dios envió a su Hijo (el Hijo fue "dado"), pero Jesús "nació de una mujer". Dios se hizo hombre. Este versículo resume con claridad la encarnación de Jesucristo.

Las dos naturalezas de Jesucristo forman lo que los teólogos llaman la *unión hipostática*. Si no sabes qué significa, es solo un término que se usa para referirse a la realidad de que Jesús está conformado por una Deidad intacta y una humanidad perfecta. No fue menos Dios cuando se hizo humano. María no dio a luz a ambos Dios y hombre. Jesús no era 50% humano y 50% Dios. Mejor dicho, María dio a luz al Dios-hombre: Dios con nosotros, Emanuel. Leemos en Colosenses 1:19: "Por cuanto agradó al Padre que en él habitase toda plenitud".

Muchas veces, la Biblia iguala a Jesús y Dios, y refuerza esta relación. Génesis 1:1 dice que Dios creó la tierra, y Colosenses

1:16 señala que Jesucristo creó todas las cosas. Entonces, o tenemos dos creadores, o el Dios de Génesis 1:1 es también el Dios de Colosenses 1:16. Jesucristo es distinto de Dios el Padre en su persona, pero es igual al Padre en su deidad. Tomó un cuerpo de hombre, al nacer como un bebé en un mundo de tinieblas. Vino con el propósito de hacer que el Dios invisible fuera visible para nosotros en la historia.

El nacimiento de Jesús no fue como el de ningún otro, porque Él no es como ningún otro. Jesús vino a la tierra como el Hijo de Dios para que conozcamos a Dios y lo experimentemos más plenamente. Esa fue su llegada. Ese fue su nacimiento. Realmente, no fue como el de ningún otro. ¿Por qué? Porque Jesús no es como ningún otro. Y una de las maneras en que tú y yo podemos conocerlo mejor, y experimentar el poder que Él nos ofrece cada día, es al conocer sus nombres y cómo Él decide revelarse a nosotros en la tierra.

Fíjate que Jesús podría haber venido a un castillo y haberse presentado como rey, pero la mayoría de nosotros, que somos de los estratos comunes de la sociedad, nunca habríamos podido identificarnos con Él. En cambio, Jesús nació en un establo, en la aldea insignificante de Belén. No tenía una almohada donde recostar su cabeza. Sus padres eran humildes, jóvenes y desconocidos. La sociedad a la que vino era un caos. Esa es una vida con la que muchos de nosotros nos podemos identificar. De alguna manera podemos identificarnos con sus luchas, sus carencias y sus pérdidas. Podemos sentir como si Él fuera "uno como nosotros".

Dios nos dio a un Salvador que pudiéramos entender. Al entender a Jesús y conocer sus nombres, podemos conocer y entender mejor a Dios también. Juan 1:18 dice: "A Dios nadie le vio jamás; el unigénito Hijo, que está en el seno del Padre, él le ha dado a conocer".

Si alguien viene a ti y alega haber visto a Dios, estás frente a un mentiroso o un individuo confundido. Las Escrituras dicen que nadie ha visto a Dios. Los frágiles cuerpos humanos no fueron diseñados para soportar la presencia de su gloria. Es como mirar directo al sol. No se puede y no se debería hacer. Esa mirada directa no puede soportar tanto poder.

Entonces, ¿cómo podía Dios revelarse a nosotros en su plenitud sin evaporarnos? Respuesta: Él se revela en su plenitud en Jesús. Conocer a Jesús es conocer a Dios.

Felipe había sido uno de los discípulos de Jesús por casi tres años cuando se le ocurrió hacer una interesante petición. Le dijo: "Muéstranos el Padre, y nos basta" (Juan 14:8). La respuesta de Jesús pone su propósito en perspectiva: "¿Tanto tiempo hace que estoy con vosotros, y no me has conocido, Felipe? El que me ha visto a mí, ha visto al Padre" (v. 9).

Jesús tomó todo lo que había para conocer a Dios y lo colocó sobre un estante que pudiéramos alcanzar. Jesús es la revelación completa de Dios. Por eso no puedes ignorar a Jesús y llegar a Dios. No puedes pasar por sobre Jesús e ir directo a Dios. No puedes negar a Jesús y conocer a Dios. Jesús es el Hijo unigénito: el único. Es *Dios con nosotros.* Es Emanuel.

Dios con nosotros

Una llave maestra está diseñada para abrir varias puertas; y Jesús es nuestra llave maestra para llegar a Dios. Nos revela el corazón, la mente y la naturaleza de Dios. A través de Jesús podemos descubrir la profundidad de su poder. A través de Él podemos comprender la plenitud de su amor. Sin Jesús, nunca hubiéramos tenido entrada a la presencia de Dios. No solo eso, sino que además estaríamos limitados en nuestro entendimiento de su carácter absoluto. Ningún otro nombre de Jesús refleja la naturaleza del corazón de Dios hacia nosotros como Emanuel, por eso decidí comenzar con este nombre. Lo vemos en Mateo 1:22-23, y prepara el escenario para todos los que le siguen:

> Todo esto aconteció para que se cumpliese lo dicho por el Señor por medio del profeta, cuando dijo: He aquí, una virgen concebirá y dará a luz un hijo, y llamarás su nombre Emanuel, que traducido es: Dios con nosotros.

Encontramos el significado de Emanuel en el mismo pasaje: "Dios con nosotros". Sin embargo, el contexto de ese significado solo puede hallarse en los escritos de Isaías, al que Mateo hace referencia aquí. En los tiempos cuando Isaías escribió sobre Emanuel, el pueblo de Dios estaba experimentando el ataque del enemigo. Estaba viviendo una realidad catastrófica. El rey no encontraba la manera segura de obtener la victoria para su propio reino o nación. En medio de semejante temor, ansiedad y terror, Dios aparece y anuncia al rey Acaz que le daría una señal de victoria. No sería cualquier señal. Una virgen daría a luz un hijo (ver Isaías 7:1-14).

Se profetizó que, cuando vieran esa señal, llegaría la victoria. También se prometió que, cuando ocurriera, sería un recordatorio continuo de la presencia de Dios con los suyos, a pesar del ataque que estaban experimentando.

El nombre Emanuel se originó dentro de un contexto de dolor, desesperación, pérdida, duda, temor y caos. Emanuel vino al mundo en medio de una crisis. No es un nombre que solo debemos recordar en Navidad mientras cantamos villancicos y bebemos chocolate caliente. No, Emanuel es un nombre que nos da consuelo cuando estamos en los peores momentos.

Una de las primeras cosas que debes saber de Jesús es que no importa por lo que hayas pasado o estés pasando, Él está contigo. No importa cuán difíciles sean las pruebas que enfrentes, Dios está contigo. No importa la cantidad de enemigos que te ataquen (tanto interna como externamente), Dios está contigo. Sean cuales sean tus luchas o aquello que estés enfrentando, soportando o resistiendo hasta el agotamiento, Dios está contigo. El nacimiento de Jesucristo no es solo la llegada de nuestro Salvador al mundo, sino también la llegada de la promesa de victoria de Dios y su presencia en medio de una dolorosa realidad que todos conocemos muy bien.

Amigo, Dios está contigo. Jesús vino para que conozcamos mejor a Dios y experimentemos la magnitud de su poder, mientras Él trata con nuestros pecados y nuestras circunstancias.

Esta es una de las principales cosas que quiero que comprendas mientras comenzamos nuestro estudio de los nombres de Jesús. No importa por lo que hayas pasado, no estás solo. No importan las dificultades que amenacen con hundirte, puedes superarlas. No importan las pruebas que enfrentes, grandes o pequeñas, la victoria de Dios es para ti porque su presencia está contigo. No estás enfrentando nada solo.

Cuando Mateo presenta el nombre Emanuel en su referencia a Isaías, recuerda el contexto de la profecía a sus lectores, que estaban sufriendo bajo la opresión romana. Les asegura la presencia de Dios en tiempos de decadencia y adversidad. Enfatiza que la llegada de Emanuel a nuestro mundo era un recordatorio de Dios a cada uno de nosotros; aun (y tal vez en especial) cuando las cosas no están a nuestro favor. Jesús es Dios encarnado. Colosenses 1:15 lo expresa de esta manera: "Él es la imagen del Dios invisible, el primogénito de toda creación". Él es "la imagen misma" de Dios (Hebreos 1:3).

Cuando hablamos de Jesús (Emanuel), hablamos de Dios mismo. No estamos hablando solo de un hombre que vivió y murió en la tierra. Es Dios encarnado. Una y otra vez encontramos en las Escrituras que Jesús manifiesta la plenitud de la Deidad, que es solo Dios. Aun cuando se trata de los nombres de Dios, Jesús los ejemplifica y los encarna. Veamos algunos ejemplos de "Dios con nosotros":

- En el Antiguo Testamento se nombra a Dios como Elohim, que significa Dios Creador. El Nuevo Testamento declara que Jesús mismo es el creador de todas las cosas (Colosenses 1:16).

- También se conoce a Dios como Jehová, el gran Yo Soy. Cuando Jesús vino, dijo: "Antes que Abraham fuese, yo soy" (Juan 8:58).

- Conocemos a Dios como Jehová Nissi, que significa: Él es mi bandera de victoria. En el Nuevo Testamento, Jesús declaró: "He vencido al mundo" (Juan 16:33).

- Uno de los nombres de Dios es Jehová Rohi, que significa: el Señor es nuestro pastor. Jesús vino a nosotros como el buen pastor y sus ovejas conocen su voz (Juan 10:4, 11).

- Dios se llama también Jehová Sabaoth. Este nombre se refiere a Él como Dios de los ejércitos. Jesús dijo que podría llamar a doce legiones de ángeles para que pelearan por Él, quien comanda los ejércitos de los cielos (Mateo 26:53).

- Otro nombre de Dios es El Elyón, que significa el Dios Altísimo, el más alto. Jesús se sienta a la diestra del Padre, en las alturas (Efesios 1:20-21).

- Un nombre muy popular para Dios en nuestra cultura de hoy es El Shaddai, que significa Dios Todopoderoso. Las Escrituras hablan de Jesús en los mismos términos cuando dice que Jesucristo es el Señor Todopoderoso (Apocalipsis 1:8).

Jesús es Dios en todas sus formas. Si quieres conocer los nombres de Jesús, solo fíjate en los nombres de Dios, pues Jesús es el cumplimiento de cada nombre de Dios. Y ha venido como Emanuel, "Dios con nosotros", para revelarnos a Dios. Si alguna vez te confunde saber quién es Dios y cómo es Él, todo lo que debes recordar es Emanuel.

¿Por qué nos envió Dios a Emanuel en vez de simplemente revelarse a sí mismo? Dios es de naturaleza trascendente. Trasciende a nuestra dimensión. Es infinitamente distinto a su creación; está en otra esfera. Aun así, Dios quería estar con nosotros. Deseaba habitar entre nosotros. Y esto solo podía ocurrir a través de una unión hipostática, por medio de la fusión de dos naturalezas en una persona (Jesús) que permaneciera puro para siempre. Jesús es tanto divino como humano, por lo que puede llamarse tanto Hijo de Dios como Hijo del Hombre.

Hebreos 10:5-7 nos ofrece una visión del propósito y el plan de Emanuel:

> Por eso, al entrar en el mundo, Cristo dijo: "A ti no te complacen sacrificios ni ofrendas; en su lugar, me preparaste un cuerpo; no te agradaron ni holocaustos ni sacrificios por el pecado. Por eso dije: 'Aquí me tienes —como el libro dice de mí—. He venido, oh Dios, a hacer tu voluntad'" (NVI).

Primero, Jesús dijo: "a ti no te complacen sacrificios ni ofrendas… no te agradaron ni holocaustos ni sacrificios por el pecado", aunque se ofrecieran conforme a la ley. Luego dijo "Aquí me tienes… he venido, oh Dios, a hacer tu voluntad". Deja de lado lo primero para establecer lo segundo.

La encarnación era pertinente para que se cumpliera la voluntad de Dios. Se hizo un sacrificio perfecto por los pecados de la humanidad. En medio de ese regalo encarnado, descubrimos que Dios se colocó a sí mismo en un contexto donde lo pudiéramos conocer de una manera más íntima y personal.

Él es "Dios con nosotros". Es Dios *contigo*.

Desde el principio de este mundo hasta su fin, no hay lugar donde puedas mirar y no ver a Dios revelado a través de Jesús. Él está en todas partes. Colosenses 1:17 resume su extensión y magnitud mejor que cualquier otro versículo: "Y él es antes de todas las cosas, y todas las cosas en él subsisten".

Elige a Emanuel

Se cuenta la historia de un hombre rico que había perdido a su amado hijo, y luego él también murió. A lo largo de su vida había acumulado una numerosa cantidad de bienes de lujo, costosos y extravagantes, que después de su muerte se ofrecieron en una subasta. Al conocer el gusto exquisito en muebles, obras de arte y otros objetos de este hombre, cientos de personas vinieron a la subasta.

El día comenzó, aunque con una pieza por la cual la mayoría no mostró ningún interés. El subastador presentó una pintura enmarcada en un recuadro barato, y anunció: "La primera pieza que ofrecemos el día de hoy es este retrato del único hijo del hombre". Hizo una pausa para que todos tuvieran la oportunidad de verlo y luego continuó: "¿Hay alguna oferta?".

La sala enmudeció, mientras nadie levantaba la mano para ofertar por ese retrato. Habían ido en busca de algunas de las piezas y objetos de artesanía costosos, no por algo tan simple como eso. El subastador se quedó en silencio, sin decir una palabra (algo que no es frecuente en los subastadores); pero podía ver por la expresión en el rostro de los concurrentes que realmente eso no era lo que querían comprar. Aun así, repitió una vez más: "¿Hay alguna oferta? ¿Alguno quiere el retrato del hijo de este hombre?".

Justo en ese momento, en el fondo de la sala, un anciano dio un paso al frente y dijo: "Señor, yo era el sirviente del hombre que murió, y si nadie se lleva el retrato de su hijo, me gustaría llevármelo".

El subastador dijo: "Una vez más, ¿hay alguien que haga una oferta por este retrato?". Sin embargo, nadie lo quiso. Así que dijo al sirviente: "Aquí tiene. El retrato es suyo".

El sirviente anciano caminó lentamente hacia el frente para tomar el retrato. Con una tierna mirada al retrato del hijo, lo puso bajo su brazo y se fue hacia el fondo del salón. Para sorpresa de muchos, el subastador bajó el martillo y anunció: "La subasta ha terminado".

Todos se miraron desconcertados, y alguien dijo: "¿Qué? No ha mostrado ninguna de las piezas costosas que estaban a la venta. ¿Cómo puede haber terminado la subasta?".

El subastador contestó: "El testamento del padre declara que la subasta debía comenzar con el retrato de su hijo. El valor que tenía para él su hijo era tan grande, que estipuló que, aquel que se quedara con ese retrato, heredara todo".

Básicamente, aquel que tenía al hijo lo tenía todo. Aquel que no tenía al hijo no tenía nada.

A veces somos como esos compradores en la subasta. Vamos por todos lados y observamos todas las demás cosas en venta, pero Dios nos está diciendo: "Yo he venido para darles vida y vida en abundancia; pero esa vida solo se encuentra unida a mi Hijo. Si tienen a mi Hijo, tienen vida eterna y todo lo que viene con la vida eterna". Las Escrituras lo expresan con claridad en el libro de Romanos: "El que no escatimó ni a su propio Hijo, sino que lo entregó por todos nosotros, ¿cómo no nos dará también con él todas las cosas?" (8:32).[1]

Cuando permaneces en Jesús, tienes acceso a todo lo que el Dios Padre tiene para ti. Y conocer y entender los nombres de Jesús, te ayuda a descubrir la manera de permanecer

---

1. Parte del capítulo 1 ha sido adaptado del libro *The Power of the Cross: Putting it to Work in Your Life* de Tony Evans (© 2016). Publicado por Moody Publishers. Usado con permiso. Publicado en español por Portavoz con el título *El poder de la cruz*.

más en Él. Conozcamos a Jesús, Emanuel, como debemos conocerlo y, así, recibamos el poder que Él nos quiere dar (Juan 10:10).

Así dice Jehová Rey de Israel, y su Redentor,
Jehová de los ejércitos: Yo soy el primero, y yo
soy el postrero, y fuera de mí no hay Dios.

ISAÍAS 44:6

He aquí yo vengo pronto, y mi galardón
conmigo, para recompensar a cada uno según
sea su obra. Yo soy el Alfa y la Omega, el
principio y el fin, el primero y el último.

APOCALIPSIS 22:12-13

2

El Alfa y la Omega

¿Qué mejor que comenzar por el principio para seguir viendo los nombres de Jesús? *Alfa* es la primera letra del alfabeto griego. También es uno de los nombres de Jesús; pero, antes de comenzar con eso, veamos primero el alfabeto castellano.

Una de las primeras cosas que nos enseñaban cuando comenzamos la escuela, o a veces antes, es el alfabeto. Padres, abuelos y maestros tratan de enseñar el alfabeto a los niños pequeños tan temprano como en su primer año de vida. Cuando yo era pequeño, teníamos canciones que nos ayudaban a memorizarlo. Hoy día, hay una gran variedad de juegos, juguetes y videos que ayudan a los niños, no solo a aprender las letras, sino también el sonido de cada una de ellas.

La razón por la que se enfatiza tanto el aprendizaje del alfabeto en la niñez es porque conocer de la A a la Z nos sirve de fundamento para la comprensión de todas las palabras. Las palabras dependen de las letras. Las letras forman palabras.

Estas palabras componen nuestros pensamientos, y la comunicación de esos pensamientos se convierte en la base de todo conocimiento.

Imagina cómo sería tu vida si no conocieras el alfabeto. No podrías leer. No podrías comunicarte con claridad. No sabrías cómo yuxtaponer consonantes y vocales para que la pronunciación fuera precisa y clara. Tendrías muchas dificultades al tratar de vivir en tu lugar en este mundo sin el conocimiento del alfabeto castellano.

Ahora bien, tal vez ya tengas algo de experiencia en esto. Quizás hayas visitado algún país donde no conocías el idioma. Entender cosas sencillas en esa situación es casi imposible. Intenta preguntar en castellano por una dirección en un país donde no se habla el idioma. Será poco probable que llegues al lugar donde quieras ir. ¿Por qué? Porque una comunicación precisa está basada en una correcta comprensión y aplicación de los fundamentos de un lenguaje.

Al saber cuán importante es el lenguaje y las palabras, a menudo usamos la frase "de la A a la Z" para indicar la totalidad de una tarea o un tema. Esta frase no se refiere meramente a las letras del alfabeto, sino que hace referencia a la completitud de la idea que se está presentando.

La razón por la cual el alfabeto es tan decisivo es porque las letras son importantes, las palabras son importantes, los pensamientos son importantes y el conocimiento es importante.

Ahora bien, lo que "de la A a la Z" significa en el idioma castellano, "alfa y omega" significa en griego. *Alfa* es la primera letra del alfabeto griego, y *omega* es la última. Cuando Jesús estuvo en la tierra, vivió en una zona donde se hablaba en griego. Él entendía el significado del *alfa* y la *omega*. Así como de "la A a la Z" significa lo completo en la comunicación, la totalidad de conocimiento y claridad de pensamiento, la frase "el alfa y la omega" simbolizaba lo mismo en la cultura donde vivía Jesús. Por tal razón, cuando dijo que Él es el Alfa y la Omega, estaba diciendo que Él mismo es la base de todo el conocimiento para toda la vida. Es el conjunto de toda la información. Es la respuesta a todas las preguntas. Es la suficiencia de toda la comunicación. Es la suma total de todo lo que se puede sumar.

Jesús pasó de adjudicarse el nombre el Alfa y la Omega a identificar el alcance de su existencia y su ser. Lo hizo al agregar que Él era "el principio y el fin" (Apocalipsis 22:13). En esencia, ninguna letra viene antes que Él, y ninguna letra viene después que Él. Él es el primero, el último y todo lo que está en el medio. No solo eso, sino que, al hacer tal afirmación, también declaró que Él era el Dios viviente. Sabemos esto porque Dios se refiere a sí mismo de esta manera en el Antiguo Testamento.

En Isaías 44:6 leemos: "Así dice Jehová Rey de Israel, y su Redentor, Jehová de los ejércitos: Yo soy el primero, y yo soy el postrero, y fuera de mí no hay Dios". E Isaías 48:12 dice: "Óyeme, Jacob, y tú, Israel, a quien llamé: Yo mismo, yo el primero, yo también el postrero".

Cuando Jesús dice que Él es el Alfa y la Omega, el principio y el fin, declara que Él es el Dios del Antiguo Testamento. Este nombre, en particular, es una declaración de su deidad. Es un reconocimiento de su divinidad. Porque, después de todo, ¿cuántos primeros y postreros puede haber? Si el Dios del Antiguo Testamento se identifica como el primero y el postrero, entonces, cuando Jesús se describe de la misma manera, estaba revelando que Él era parte de la Divinidad.

Jesús es la última Palabra

Además de proclamar su naturaleza divina a través del nombre del Alfa y la Omega, Jesús dejó en claro que es la completa manifestación de todo lo que podemos conocer de Dios. Esto se debe a que las letras forman palabras, y las palabras expresan pensamientos; y Él se definió como el resultado de la suma de todas las letras que comprenden el alfabeto. Jesús, como Dios, tiene toda la información y transmite todo lo que podemos saber de Dios.

Esto significa que, si alguno inventa su propia versión de la verdad o su propio conocimiento de Dios, más allá de la revelación de Dios manifestada en Jesús, está equivocado. No hay una forma correcta de crear una palabra en nuestro idioma sin utilizar las letras de alfabeto castellano. Si alguien crea una palabra sin utilizar las letras del alfabeto castellano, no será una palabra castellana. De la misma manera, Jesús dejó claro que Él abarca todas las letras, desde el *alfa* a la *omega*. Nada puede crearse dentro de su reino que no proceda de Él como la raíz. Simplemente, no será verdad.

La teología de la cual deriva este nombre de Jesús en particular puede resumirse en que Él es la totalidad del conocimiento sobre cualquier tema, como también la completa revelación de Dios mismo. No hay ningún tema que esté fuera de Jesús. Toda sabiduría y todo conocimiento están enraizados en Él. Tenemos problemas en nuestra vida cuando no tomamos este nombre en serio. Cuando vemos a Jesús como una gran figura histórica que sanaba enfermos y hacía el bien, pero no le permitimos formar parte de cada aspecto de nuestra vida, carecemos de la sabiduría y el conocimiento que necesitamos para tomar decisiones correctas y productivas. Muchos creyentes inclinan su cabeza delante de Jesús los domingos, pero luego no piensan en Él como el que gobierna toda su vida. Por esta razón, muchos creyentes luchan por subsistir, en vez de vivir la vida abundante que Jesús nos dio al morir.

Jesús no debería ser solo de la A a la G en nuestra vida. No debemos tomarlo en cuenta solo en algunos momentos. Él es el Alfa y la Omega, el principio y fin. Él está sobre todo. Repetidas veces encontramos en las Escrituras la plenitud de la naturaleza y el dominio de Cristo. Lo siguientes son algunos ejemplos:

- *Efesios 1:9-10:* "dándonos a conocer el misterio de su voluntad, según su beneplácito, el cual se había propuesto en sí mismo, de reunir todas las cosas en Cristo, en la dispensación del cumplimiento de los tiempos, así las que están en los cielos, como las que están en la tierra".

- *Efesios 1:21:* "sobre todo principado y autoridad y poder y señorío, y sobre todo nombre que se nombra, no sólo en este siglo, sino también en el venidero".

- *Colosenses 1:15:* "Él es la imagen del Dios invisible, el primogénito de toda creación".

- *Colosenses 1:17:* "Y él es antes de todas las cosas, y todas las cosas en él subsisten".

- *Colosenses 1:19:* "por cuanto agradó al Padre que en él habitase toda plenitud".

- *Colosenses 2:3:* "en quien están escondidos todos los tesoros de la sabiduría y del conocimiento".

- *Colosenses 2:9:* "Porque en él habita corporalmente toda la plenitud de la Deidad".

- *Colosenses 3:11:* "donde no hay griego ni judío, circuncisión ni incircuncisión, bárbaro ni escita, siervo ni libre, sino que Cristo es el todo, y en todos".

¿Notaste la palabra que se repite en esos versículos? Es la palabra *todo.* Jesús conoce todo. Jesús entiende todo. Jesús representa todo. Jesús reina sobre todo. Por eso, lo que tú o yo pensamos sobre cualquier tema no tiene relevancia alguna si disiente con Él. Cualquier conocimiento que no concuerde con Jesús está contaminado y es insensato. No importa lo que piensen tus amigos o los medios de comunicación, los analistas o incluso los catedráticos y oradores; siempre que estos individuos difieran de la verdad que se encuentra en Jesucristo están equivocados. Es así de puro y simple. Cuando una persona renuncia al conocimiento de Dios, descubre que la sabiduría humana la conduce por un camino de dolor, decepción y vacío.

Amigo, Dios ha hablado alto y claro. Hay dos respuestas a toda pregunta: la respuesta de Dios y la de todos los demás. Y, cuando todos los demás disienten con Dios, todos los demás están equivocados. Santiago 3:15 dice que la sabiduría humana es diabólica. No solo es insensata, sino diabólica.

Por el contrario, la sabiduría espiritual incluye la capacidad de utilizar el conocimiento de manera adecuada. El conocimiento es información. La sabiduría es la capacidad de utilizar esa información para lograr un efecto y resultado positivo. Fíjate que una persona puede tener conocimiento y, a la vez, tener poco o nada de sabiduría. Por eso, las personas se pueden convertir en "insensatos con estudios", porque, aunque poseen muchos títulos académicos, pueden no saber cómo aplicar ese conocimiento de manera sabia. Cuando una persona no sabe qué hacer con la información que posee a la hora de tomar decisiones correctas en la vida, tal persona se enfrentará a una variedad de consecuencias que le robará la paz y la energía.

Hebreos 12:25 advierte: "Mirad que no desechéis al que habla". No debemos desviarnos de lo que Jesús dijo. Y, aunque muchos de nosotros podríamos negar que lo hacemos o restar importancia al nivel en que lo hacemos, no tomar en serio las palabras de Jesús es moneda corriente en el cristianismo. Su cruz es un bonito adorno para colgar en la pared o en nuestro cuello. Es imposible entrar a una gasolinera o una tienda de artículos varios en las regiones más cristianas de los Estados Unidos y no encontrar una variedad de cruces de bisutería o joyería disponibles en todos los tamaños. Y, aunque debemos recordar la expiación de Jesús, igual de importante es recordar y practicar sus palabras. ¿Qué bien hace tener una cruz colgada en la pared o una Biblia sobre la mesita de salón en una casa cuando los que allí habitan no se toman el tiempo de buscar lo que Jesús dijo?

Obedece a Jesús basándote en lo que Él dijo. La cruz no es más que un amuleto simbólico si no permanecemos en la

Palabra del que es la suma de todo el conocimiento y la sabiduría. De hecho, Dios dice que, cuando no escuchamos a su Hijo y practicamos su verdad, Él nos disciplina para llamarnos la atención (ver Hebreos 12:10-11). Y en Hebreos 1:2 leemos: "En estos postreros días [Dios] nos ha hablado por el Hijo, a quien constituyó heredero de todo, y por quien asimismo hizo el universo". Por lo tanto, Jesús no solo es la última palabra en lo que a religión o asuntos espirituales se refiere, sino que es la última palabra en todas las cosas, sea en el matrimonio, el dinero, la crianza de hijos, el trabajo, el cielo, el infierno, el entretenimiento, las relaciones o cualquier otra cosa. Él es la última palabra en todo. Y todo apunta a Él. Primera de Corintios 15:27-28 dice:

> Porque todas las cosas las sujetó debajo de sus pies. Y cuando dice que todas las cosas han sido sujetadas a él, claramente se exceptúa aquel que sujetó a él todas las cosas. Pero luego que todas las cosas le estén sujetas, entonces también el Hijo mismo se sujetará al que le sujetó a él todas las cosas, para que Dios sea todo en todos.

En palabras de C. S. Lewis, creo en el sol, "no solo porque lo veo, sino porque a través de él lo veo todo".[2] De la misma manera, no solo debemos creer en Jesús, sino que debemos ver todo en la vida a través de los lentes de su perspectiva.

Cada parte de tu vida y tu mente debe estar unida, inte-

---

2. "Creo en el cristianismo como creo que el sol sale por la mañana: no solo porque lo veo, sino porque a través de él lo veo todo". C. S. Lewis, como aparece citado en "Christianity Makes Sense of the World", *Reflections*, C. S. Lewis Institute, 26 de octubre de 2013, http://www.cslewisinstitute.org/Christianity_Makes_Sense_of_the_World (31 de octubre de 2018).

grada y en armonía con Jesucristo. Él es la revelación de Dios
del cielo a la tierra. Su tarea fue y es traer la verdad del cielo
sobre nuestras vidas aquí en la tierra. Lo que Jesús dice, se
hace sin cuestionar. Por lo menos así debería ser.

Tal vez tus padres o tutores te escuchaban quejar y discutir
sus órdenes cuando eras niño y te decían: "¿No escuchaste lo
que te dije?". Tal vez tú se lo has dicho a tus hijos. La conclusión es que ya se ha dado la última palabra, y el tema ya
no admite discusión.

Jesús es la última palabra. Punto y aparte.

Algunas de nuestras reuniones duran demasiado. Algunas
de nuestras discusiones también. Algunos de nuestros argu-
mentos duran demasiado. Y la razón por la que duran tanto
es que no se considera a Jesús como el Alfa y la Omega, el
principio y el fin, en toda la verdad. No comenzamos con Él.
Tendemos a ir a Él solo cuando necesitamos que nos saque
de apuros. Sin embargo, ese no es quien es Él. Esa no es la
razón por la que Él vino.

Jesús vino para que tengamos vida en abundancia (Juan
10:10), pero eso solo ocurre cuando ponemos nuestra vida
en línea con su verdad suprema. Recibimos su poder cuando
recibimos su verdad. Conocemos su paz cuando conocemos
su verdad. Disfrutamos de su provisión cuando practicamos
su verdad. Es una relación de causa y efecto, que depende
de nuestro conocimiento y nuestra aplicación práctica de la
Palabra de Dios como se encarnó en la vida de Jesucristo.

Termina la carrera

¿Qué logra una persona que descubre el secreto de colocar
su vida en línea con la verdad de Cristo? Esta persona puede

terminar la carrera y cumplir el llamado para el que Dios la creó. Hebreos 12:1-3 explica lo siguiente:

> Por tanto, nosotros también, teniendo en derredor nuestro tan grande nube de testigos, despojémonos de todo peso y del pecado que nos asedia, y corramos con paciencia la carrera que tenemos por delante, puestos los ojos en Jesús, el autor y consumador de la fe, el cual por el gozo puesto delante de él sufrió la cruz, menospreciando el oprobio, y se sentó a la diestra del trono de Dios. Considerad a aquel que sufrió tal contradicción de pecadores contra sí mismo, para que vuestro ánimo no se canse hasta desmayar.

Amigo, comprendo que quizás te sientas agotado. En las Escrituras, este tipo de agotamiento se conoce como "cansarse" o "desmayar". Tal vez la vida no esté conspirando a tu favor, como quisieras. Es verdad, podría ser tu culpa, pero también podría ser culpa de otro. O podría ser una combinación de ambas. Sea de quien sea, el resultado es el mismo: estás cansado. Estás agotado. Has perdido la esperanza y tu fervor se ha esfumado. Sin embargo, lo que el autor de Hebreos está diciendo en este pasaje es que, si estás cansado, aun así debes seguir adelante.

Aunque tu situación sea difícil en este momento, no te rindas.

Debes terminar la carrera: la carrera figurativa de vivir la vida del reino para la gloria de Dios, para tu propio bien y el bien de los demás. Y, aunque te hayas desviado o te hayas salido de la pista al ir tras la sabiduría humana, Jesús puede volverte a colocar en la pista y ayudarte a terminar la carrera.

El autor de Hebreos sabía que no escribía a personas perfectas, sino a personas afectadas por el pecado y el fracaso, llenas de pesar. Personas imperfectas que solo estaban cansadas y querían rendirse. Él sabía todo lo que sentían, por eso los animaba y los estimulaba a seguir adelante ¿Y cómo debían ellos (o tú) hacer eso? Con los ojos puestos en Aquel que sabe comenzar y terminar las cosas: el Alfa y la Omega, el principio y el fin.

Tú tienes el poder de seguir adelante porque Jesús tiene el poder de comenzar y terminar lo que sea que estés enfrentando. Él es el origen y la consumación de tu caminar en fe. Lo que debes hacer es cambiar tu enfoque. Debes volver a la pista y correr la carrera que tienes por delante. Y la manera de hacerlo es poner tus ojos en Jesús. Mantén tu mirada fija solo en Él.

Cuando tienes tu mirada fija en algo o en alguien, significa que dejaste de mirar todo lo demás. No se puede mirar varias cosas a la misma vez. Tener los ojos puestos en Jesús significa que tu mirada está centrada en Él. Estás anulando cualquier otra perspectiva. Ya no te estás fijando en los demás o en sus opiniones, ni siquiera en tu opinión personal. En vez de eso, tienes tu mirada puesta solo en Jesús.

Aquello donde pongas tu mirada determinará tu destino. Si miras el caos que te rodea y te fijas en todo lo que está mal, solo seguirás caminando hacia más caos. Necesitas tratar de ver la salida. Necesitas buscar el poder para vencer.

Encontramos una excelente ilustración bíblica sobre esto en Mateo 14:22-31. En este pasaje, leemos sobre una ocasión cuando una gran tormenta azotó el mar y, aun así, Jesús caminó hacia sus discípulos sobre las encrespadas aguas. Jesús los había enviado y surgieron inclemencias del tiempo. El problema era la tormenta. Sin embargo, cuando Jesús fue a los discípulos, caminó sobre el mismo problema. No se deshizo de la tormenta. La superó. La dominó.

Pedro solo la pudo superar mientras mantuvo sus ojos puestos en Jesús. Le preguntó si él también podía caminar sobre el agua, y pudo hacerlo sin inconvenientes mientras se mantuvo mirando a Jesús. Sin embargo, cuando Pedro desvió su mirada de Jesús y se concentró en las circunstancias turbulentas que lo rodeaban, comenzó a hundirse.

Amigo, sea lo que sea que estés enfrentando, si te concentras en las circunstancias, estas te abrumarán. Te superarán. Te doblegarán por completo. Jesús te propone ir a Él en medio de situaciones de riesgo. Te pide que des un paso de fe, pero Él solo te dará la victoria cuando mantengas tu mirada fija en Él. Las circunstancias te consumirán si decides concentrarte en ellas. Como Pedro, te hundirás. Sin embargo, si decides poner tu mirada en Jesús, como lo hizo Pedro, Él te puede levantar para que puedas volver a caminar sobre el mar tormentoso. Recuerda, Jesús no se había movido cuando Pedro comenzó a hundirse. La mirada de Pedro fue la que se movió. Solo cuando Pedro volvió a poner su mirada en Jesús, recibió la intervención divina que tanto necesitaba.

A veces, tal vez sientas que no puedes encontrar a Dios cuando estás luchando con pruebas en tu vida. Sin embargo, Dios no se ha movido, sino que tu mirada se ha desviado de Él. En esos momentos cuando no puedas sentir la presencia o la paz de Dios, debes preguntarte: ¿Dónde están puestos mis ojos espirituales? ¿Qué estoy mirando?

Cuando Pedro recordó que debía volver a poner su mirada en Jesús, entonces Jesús extendió su mano y lo salvó. No hizo desaparecer la tormenta al instante. No hizo que de inmediato los vientos dejaran de soplar. En cambio, dio la capacidad a Pedro de levantarse sobre la tormenta y las olas para que pudiera caminar con Él hacia la seguridad de la barca, y todos pudieran llegar a la orilla.

En Filipenses 1:6, Pablo dice: "estando persuadido de esto, que el que comenzó en vosotros la buena obra, la perfeccionará hasta el día de Jesucristo". Amigo, ¡estas son buenas noticias! Si vienes a Jesús, habrás venido tanto al principio como al fin de todo lo que necesitas. Si te concentras en Él, Él te puede llevar a la meta.

En el deporte de remo, uno de los miembros del equipo es el timonel. Es la persona que se sienta en la popa del bote. Los individuos que reman están de espaldas a la dirección del bote. No saben a dónde se dirigen. No pueden ver lo que está por delante. Lo único que pueden ver es al timonel. Esta persona dicta y guía la cadencia de los que reman. Si se dieran la vuelta o desviaran su atención del timonel, perderían tiempo; y, en una carrera, cada segundo importa. Solo cuando los que reman mantienen la mirada fija en el que está al mando tienen la posibilidad de ganar.

La vida es incierta. Pueden desatarse tormentas. Nos pueden sobrevenir adversidades de muchas direcciones. Sin embargo, cuando decidimos fijar nuestra mirada en Jesucristo y vivir una vida en cadencia con su llamado, Él nos guiará hacia donde debemos ir. Mantén tus ojos en Jesús y busca primero su perspectiva y comunícate con Él sobre cada tema y acontecimiento de tu vida. Él es el Alfa y la Omega, el principio y el fin. Él es el autor y consumador, y Él te ayudará a cruzar la meta.

Alégrate mucho, hija de Sion; da voces de júbilo, hija de Jerusalén; he aquí tu rey vendrá a ti, justo y salvador, humilde, y cabalgando sobre un asno, sobre un pollino hijo de asna.

Zacarías 9:9

Y en su vestidura y en su muslo tiene escrito este nombre: REY DE REYES Y SEÑOR DE SEÑORES.

Apocalipsis 19:16

3

REY

Si vinieras a mi casa y tocaras el timbre y, al abrir la puerta, te viera fumar un cigarrillo, te pediría que lo apagaras antes de entrar. No tengo ceniceros, ni tampoco permito que fumen en mi casa. Por lo tanto, no podría ni estaría dispuesto a facilitar que lo trajeras contigo.

Si vinieras a mi casa y comenzaras a maldecir como un marinero, te pediría que modificaras tu vocabulario porque tampoco permito lenguaje profano en mi hogar. Si vinieras con tu novia o con tu novio y te invitáramos a pasar la noche con nosotros, no les permitiríamos dormir en la misma habitación o en la misma cama. Dormirían en habitaciones separadas porque, no importa lo que hagan en tu casa, en la mía no les permitiría compartir la misma habitación, ni consumir drogas ni tomar bebidas alcohólicas fuertes. Creo que entiendes lo que quiero decir.

La razón por la que no podrías hacer todas esas cosas es

porque estás en mi casa. Y en mi casa hay ciertas reglas que cualquiera que venga debe acatar.

Tal vez en tu casa fumes cigarrillos, digas malas palabras o bebas whisky. Sin embargo, eso no me importaría mucho cuando vinieras a mi casa. Dado que yo pago la hipoteca y todos los servicios de mi casa, es mi área de dominio. Por eso, tú debes someterte a mis reglas. Si no lo haces, tendremos problemas. Y, aunque te haya invitado a mi casa, tal vez no sea una reunión provechosa (o larga), ya que te pediré que te retires, si decides no someterte a mis reglas.

Mi hija Chrystal es una muchacha de voluntad firme y tenaz. Sabe lo que quiere, y esa fortaleza le ha dado la capacidad de llegar lejos en la vida a pesar de los desafíos y las dificultades. No obstante, cuando era más joven y todavía vivía en casa, esa fortaleza a veces chocaba con la mía. Un día comenzó a discutirme acerca de algo y la discusión continuó por un tiempo prolongado. Al ver que yo no cambiaría mi posición, decidió irse mientras todavía estaba hablando con ella. En seguida le pregunté:

—¿A dónde crees que vas?

—¡Me voy a mi habitación! —respondió ella.

—No te vas a tu habitación, porque esa no es tu habitación. Es mi habitación, y yo te permito dormir allí. Y en este momento no puedes ir —le contesté.

Como verás, Chrystal tenía una idea equivocada de la habitación que utilizaba en mi casa. No le pertenecía, solo podía usarla. Si eres padre, seguramente te podrás identificar con esta situación. Como padre, pagas las cuentas y suministras la electricidad, el gas, la comida y el amueblamiento. Aun así, muchas veces tus adolescentes quieren discutir las reglas.

Quieren que tú te amoldes a sus reglas. Una buena crianza no se amolda a las reglas de los hijos. Una buena crianza establece normas y límites con amor, que luego enseña, a los hijos, respeto, dominio propio y obediencia.

Amigo, puede que sepamos bastante bien cómo ser padres, pero quizás, en algún momento del camino, nos hemos olvidado de la manera en que estos principios se relacionan con Dios. Sin embargo, Él tiene una casa. El nombre de su casa es su reino. El reino de Dios es su dominio general sobre toda la creación. Salmos 24:1 declara: "De Jehová es la tierra y su plenitud; el mundo, y los que en él habitan".

Dios llama a su creación su morada. Dado que es su morada, Él puede dirigir su casa como quiere. Él establece las reglas. Si tú quieres establecer tus propias reglas, tienes que crear tu propio mundo. En este, gobierna Dios. Y ha decidido gobernar a través de la humanidad al confiarnos la responsabilidad de administrar (o dirigir) su casa. Suelo llamar a su dominio la *agenda del reino*, que constituye la base de todo lo que enseño. La agenda del reino puede definirse como la manifestación visible del dominio general de Dios sobre cada área de la vida. Básicamente, eso implica nuestra alineación bajo el gobierno general de Dios. En esa alineación bajo su gobierno, Él nos ha designado ciertas responsabilidades. Podemos verlo detallado en las Escrituras:

- *Génesis 1:1:* "En el principio creó Dios los cielos y la tierra".

- *Génesis 2:7:* "Entonces Jehová Dios formó al hombre del polvo de la tierra, y sopló en su nariz aliento de vida, y fue el hombre un ser viviente".

- *Génesis 2:15:* "Tomó, pues, Jehová Dios al hombre, y lo puso en el huerto de Edén, para que lo labrara y lo guardase".

- *Génesis 1:26-28:* "Entonces dijo Dios: Hagamos al hombre a nuestra imagen, conforme a nuestra semejanza; y señoree en los peces del mar, en las aves de los cielos, en las bestias, en toda la tierra, y en todo animal que se arrastra sobre la tierra. Y creó Dios al hombre a su imagen, a imagen de Dios lo creó; varón y hembra los creó. Y los bendijo Dios, y les dijo: Fructificad y multiplicaos; llenad la tierra, y sojuzgadla, y señoread en los peces del mar, en las aves de los cielos, y en todas las bestias que se mueven sobre la tierra".

- *Salmos 8:4-6:* "Digo: ¿Qué es el hombre, para que tengas de él memoria, y el hijo del hombre, para que lo visites? Le has hecho poco menor que los ángeles, y lo coronaste de gloria y de honra. Le hiciste señorear sobre las obras de tus manos; todo lo pusiste debajo de sus pies".

- *Salmos 115:16:* "Los cielos son los cielos de Jehová; y ha dado la tierra a los hijos de los hombres".

Dios hizo una criatura terrestre (un ser humano) cuyo trabajo era manejar su casa como Él quería, pero Adán perdió ese balón al comienzo del partido, y lo hizo a ultranza. Al perder el balón, Adán entregó el mando del mundo al diablo. Cuando Adán se reveló contra el Dueño de la creación, cedió la dirección de la creación a Satanás al permitir que el pecado entrara al mundo. Y eso abrió la puerta al caos, el desorden, la corrupción y el dolor.

Para reinstaurar el dominio humano, Dios proporcionó otro Adán. Conocido como el "postrer Adán" o el "segundo hombre" (1 Corintios 15:45, 47). Donde el primer Adán falló, el segundo triunfaría. ¿Por qué? Porque el segundo Adán, Jesucristo, sería divino.

Sin embargo, Jesús no aparecería por un largo tiempo, por lo que a lo largo de todo el Antiguo Testamento se habla con expectación del Rey que un día gobernaría el mundo desde la perspectiva del cielo. Vendría de los judíos, se sentaría en el trono de David para dirigir y gobernar el mundo desde Israel. Los profetas anticiparon a este Rey. El linaje real de David anticipó a este rey. Zacarías 9:9 manifiesta los pensamientos de los que esperaban al Rey Jesús:

> Alégrate mucho, hija de Sion; da voces de júbilo,
> hija de Jerusalén; he aquí tu rey vendrá a ti, justo
> y salvador, humilde, y cabalgando sobre un asno,
> sobre un pollino hijo de asna.

No debería sorprendernos que cuando Jesús estaba preparado para revelarse como el Rey, dijo a sus discípulos que le buscaran un asno, ya que se había profetizado que el Rey divino cabalgaría sobre uno. No debería asombrarnos que los magos vinieran a adorarle después de su nacimiento y declararan que había nacido el Rey de los judíos (Mateo 2:2). Cuando Juan el Bautista anunció la llegada del Rey, lo expresó de manera que la nación de Israel lo comprendiera: "Arrepentíos, porque el reino de los cielos se ha acercado" (Mateo 3:2). Cuando Jesús comenzó a predicar, subió al escenario de la historia y declaró lo mismo: "Desde entonces comenzó Jesús a predicar, y a decir: Arrepentíos, porque el reino de los cielos se ha acercado" (Mateo 4:17). Además, cuando envió a sus discípulos a predicar, les dijo que proclamaran que el reino de los cielos se había acercado (Mateo 10:7).

El Rey había llegado. Su nombre era Jesús.

Sométete al gobierno del Rey

Cuando hablamos de Jesús, uno de los nombres que no solemos utilizar en nuestra cultura de hoy, aunque se le atribuye una gran cantidad de veces a lo largo de las Escrituras, es Rey. Lo reconocemos como el Salvador. Lo vemos como el Cordero de Dios. Cantamos sobre Él como Emanuel. Tendemos a describirlo principalmente en sus funciones redentoras. Y, aunque estas funciones son clave, me temo que al centrarnos tanto en ellas pasemos por alto gran parte del poder de Jesús en nuestra vida diaria. Este poder se manifiesta en los nombres que vamos a conocer y bajo los cuales debemos alinearnos, como Rey, Señor y Gran Sumo Sacerdote.

Sin duda, la redención nos atrae en nuestra cultura autónoma egocéntrica. Tendemos a ser muy independientes y egoístas, y muchos argumentarían que nuestra cultura ha dado lugar a una epidemia de pensamiento narcisista. Reconocer a Jesús como Rey evoca sentimientos de obediencia, dependencia, honor, respeto y sacrificio personal. Va en contra de la manera que nuestra cultura nos dice que hay que vivir la vida.

No obstante, Jesús es Rey, y he decidido hablar sobre este nombre casi al principio del libro porque su importancia es trascendental. A menos y hasta que entendamos y nos sometamos al gobierno legítimo de Cristo, no experimentaremos todo su poder. Mucho del caos y las pruebas que no podemos sobrellevar en nuestra vida derivan del hecho de no responder correctamente a su gobierno. Si establecemos nuestras propias reglas mientras vivimos bajo el dominio del Rey, debemos saber que enfrentaremos consecuencias.

Entendemos que hay consecuencias cuando desobedecemos las leyes de nuestra nación o empleador. Por ejemplo, no podemos establecer nuestras propias reglas en relación con las luces rojas o verdes del semáforo, al pago de impuestos o la hora de llegar al trabajo. Aun así, rara vez vemos nuestros desastres personales y los problemas crecientes en nuestra vida como el resultado de vivir según nuestras propias reglas, y no las del Rey. Si Jesús nos cobrara una multa cada vez que desobedeciéramos sus mandamientos acerca del amor, la humildad, el dar a otros, la pureza moral y el honrarle a Él primero, tal vez, entonces, entenderíamos mejor el mecanismo de causa y efecto cuando se trata de incumplir sus reglas; pero Él no hace eso. Por lo tanto… tampoco nosotros. Luego terminamos pidiéndole que nos libre de lo que Él mismo ha dispuesto como resultado de nuestras decisiones pecaminosas.

Jesús es Rey. Sin embargo, como los israelitas de su época, a menudo lo alabamos un momento, solo para crucificarlo al siguiente. ¿Por qué? Porque no nos importa que sea Rey de nombre mientras no sea Rey en autoridad. No nos importa que Jesús lleve el título de Rey siempre y cuando no nos diga qué debemos hacer.

Amigo, permíteme explicarte algo sobre el reino de Dios: no es una democracia. No está pidiendo tu voto. No te está pidiendo permiso. Dios es un monarca. Él declara lo que se hace, cómo se hace, y cuáles son los designios de su reino.

Como padre, ¿alguna vez dijiste a tus hijos algo que querías que hicieran, solo para que ellos comenzaran a argumentar? Tú le dices lo que quieres, y ellos te dan su opinión sin que se la pidas. No solo eso, sino que discuten contigo el por qué tu opinión es equivocada; aun cuando viven en tu casa, bajo tu techo y tu autoridad. Nosotros hacemos lo mismo con Dios muchas más veces de las que queremos admitir. Decir que Jesús es Rey y declarar que Él es quien gobierna su Reino y, aún así, discutir su verdad, desobedecer sus mandamientos y rechazar su corrección; es una rotunda rebeldía. Como Rey, Jesús tiene la última palabra en todo aspecto. Como sus discípulos, no solo debemos anunciar su reino (Mateo 24:14), sino también vivirlo en nuestra propia vida.

Comprende tu rol en el reino

Nuestro rol como discípulos de Jesús es más que anunciar a otros cómo recibir la salvación. Nuestro rol incluye ser ejemplo y explicar a otros cómo traer el gobierno del cielo a la tierra. Cuando alguien acepta a Jesús como su Salvador personal, tiene derecho a la entrada a la patria celestial; y, cuando esa misma persona descubre la importancia de vivir bajo el gobierno de Cristo, descubre su poder para vivir en las difíciles circunstancias actuales.

Desafortunadamente, a menudo nos concentramos mucho más en cómo hacer que las personas se vayan al cielo y, mientras tanto, viven rotos, sin poder y desesperados en la tierra. A menos que y hasta que un seguidor de Jesús se alinee bajo su gobierno, tal seguidor no experimentará todos los beneficios de su reino o su autoridad en la vida. Jesús es rey y exige lealtad en su reino. Sí, Jesús anhela ser nuestro

Salvador, pero también quiere ser quien nos gobierne. Quiere ser quien tenga la última palabra sobre todos los asuntos de nuestra vida.

Un reino es un dominio sobre el cual un soberano gobierna y ejerce autoridad. El reino de los cielos es la jurisdicción sobre la cual Dios gobierna a través de Cristo. Cuando Jesús dijo que su reino "no es de este mundo" (Juan 18:36), no quiso decir que su reino no estuviera en este mundo. Más bien, quiso decir que la autoridad de su reino no se origina en este mundo. La autoridad que ejerce en este mundo proviene del mundo de donde vino, el reino celestial, y deja claro que Él es el Rey de este reino (Juan 18:37). Por eso, cuando oramos, debemos pedir que la voluntad de Dios se haga en la tierra como en el cielo (Mateo 6:10). Somos el mecanismo a través del cual el gobierno de Dios se comisiona desde arriba y se efectúa en la tierra.

Como discípulos de Jesús, debemos someternos a su gobierno y usar eso para gobernar y administrar las esferas de influencia que Él nos ha otorgado aquí en la tierra. El problema es que, a muchos de nosotros, no nos importa atribuir dominio y autoridad a Jesús cuando estamos de acuerdo con Él. Pero, simplemente, no queremos hacerlo cuando no estamos de acuerdo. Queremos que Jesús tenga la última palabra sobre las decisiones que nos gustan o las reglas que nos hacen sentir bien; pero así no gobiernan los reyes. El concepto de gobierno no es que el rey se ajuste al súbdito. No, el súbdito se debe ajustar al rey.

Los problemas surgen cuando ni siquiera nos molestamos en conocer a Jesús y su Palabra de tal manera que pueda hablar a cada área de nuestra vida. Si excedes el límite de velocidad porque no sabías que ese era el límite, ¿crees que el juez lo tomará como una buena excusa? Aunque dijeras al juez que no lo sabías, que no viste el letrero o que sentías que el límite era demasiado lento para esa zona, aun así, el juez te hará pagar.

Nuestro rol es entender las reglas. Dios nos ha dado todo lo que necesitamos para vivir de acuerdo con su autoridad (ver 2 Timoteo 3:14-17). Su voluntad revelada nos proporciona límites y parámetros para que podamos tomar decisiones que estén en línea con Él. Su Palabra viva y el Espíritu Santo iluminan su verdad en nuestra mente de tal manera que también nos brindan guía y dirección. No tenemos excusa cuando desobedecemos a Dios. Existen demasiados traidores en su reino, que trabajan para el otro bando, mientras buscan los beneficios que este les ofrece. Sin embargo, no funciona de esa manera. Para recibir los beneficios del reino, debes obedecer al Rey.

Este no es un problema menor. Dios nos instruye a tomar decisiones celestiales en nuestros movimientos y direcciones terrenales. Debemos vivir toda la vida bajo la agenda del reino. Tú y yo no podemos decidir cómo se define el género. No podemos decidir cómo se conforma la institución del matrimonio. No podemos decidir si el orgullo, la obsesión con las redes sociales o el narcisismo son formas correctas de vida. No podemos decidir el marco dentro del cual debemos administrar nuestras finanzas. No podemos decidir si es aceptable o no ser perezoso en el trabajo. No podemos decidir si sentir lujuria por alguien está bien, ya sea en persona o a través de Internet. No podemos decidir si el racismo, el sexismo y el clasismo son correctos para nosotros. Estas cosas, y todo lo demás, ya han sido decididas. Dios ha hablado alto y claro.

Sin embargo, demasiadas personas entran al reino de Dios con su antigua forma de pensar y sus viejas reglas. Entran a su reino, pero se mantienen leales a su antiguo soberano: la carne. Basarte en cómo te criaste, lo que dicen tus amigos, lo que tu carne desea o lo que los medios y la cultura dicen que es positivo, solo provocará conflictos con tu nuevo soberano, Cristo el Rey. Así como experimentarías un conflicto si tus hijos adolescentes trajeran a sus amigos a tu casa y todos decidieran seguir sus propias reglas y no las tuyas.

Cuando discutía con mi padre, en mi adolescencia, él solía responderme: "Hijo, no has vivido lo suficiente para saber cómo tomar decisiones". Cuando se trata del Rey de reyes y el Señor de señores, que existe desde siempre y para siempre, lo que Él dice es lo que vale. No hemos vivido lo suficiente para saber cómo tomar todas las decisiones. Nuestras decisiones deben estar en línea con sus decisiones, o nuestras decisiones serán incorrectas.

Hace tiempo, cuando visité Nueva York con mi esposa, nos detuvimos en una calle donde se había reunido una gran multitud. La multitud agitaba las manos alrededor de la vidriera de un negocio, así que nos acercamos para ver qué estaba sucediendo. Al parecer, la tienda Macy's había decidido usar modelos reales como maniquíes en esa exhibición, y todos los que pasaban por allí intentaban hacer que se movieran. Sin embargo, a pesar de todas las distracciones, los modelos no se movían. ¿Por qué? Porque las personas del otro lado de las vidrieras no eran quienes les pagaban, sino los dueños de Macy's. Por lo que su obligación era con ellos y no con la multitud.

Cuando aceptas a Jesucristo como tu Salvador, también

aceptas la obligación de honrarlo como tu Rey. Debes obedecer lo que Él dice, no lo que la multitud dice. No debes comprometerte con lo que este mundo establece. No importa a cuántas personas les gusten o no tus decisiones o cuántas discutan contigo o te desanimen, nada de eso importa. La única pregunta que importa es: "¿Qué dice el Rey?". Porque Él gobierna, Él es tu autoridad.

Mateo 6:33 señala que debemos buscar primeramente el reino de Dios y su justicia, y todas estas cosas nos serán añadidas. En otras palabras, cuando buscas primero el gobierno y la honra del Rey, Él te respalda. Si quieres buscar tu propia voluntad y tu propio reino, deberás cuidar tu propia espalda también. No puedes tener ambas cosas.

Me gusta cómo lo expresa Lucas, en Lucas 12:31-32: "Mas buscad el reino de Dios, y todas estas cosas os serán añadidas. No temáis, manada pequeña, porque a vuestro Padre le ha placido daros el reino". En otras palabras, Dios está feliz y emocionado y, con mucho gusto, te dará el reino cuando le pongas a Él en primer lugar. Él se complacerá en hacerlo.

Muchos de nosotros no estamos experimentando las cosas que Dios quiere hacer en nuestros corazones, relaciones, finanzas, trabajos y circunstancias, simplemente porque nos negamos a poner a Dios en primer lugar en nuestros pensamientos, actitudes y decisiones. Una de las razones por las que tantas personas viven derrotadas durante tanto tiempo es porque no tratan a Jesús como Rey. Es cierto que la carne siempre buscará negar la autoridad de Jesús. La carne rechaza sus mandamientos. Una de las formas de vencer la carne es dar permiso a Jesús para que te diga qué debes hacer. Luego obedécelo. Deja que Jesús te diga qué hacer en cuanto al alcohol, la pornografía, la lengua, el corazón, las relaciones, la esperanza y la fe. Deja que su gobierno tenga dominio sobre tu carne, y serás libre.

Entrar en el reino no solo significa ir al cielo. Demasiados creyentes están satisfechos con entrar por la puerta (Juan 10:9), y luego se estancan allí. Si bien la salvación es esencial, y ser libres del juicio es formidable, ese no es el final de la historia. Jesús te salvó para que pudieras heredar su reino, un reino completamente nuevo con un gobierno divino bajo su dominio. Bajo su dominio debes rendir o someter tu historia, tus antecedentes, tu educación secular y tus pensamientos, tanto como la influencia cultural, tu dolor y tu pesar, mientras buscas que Él te guíe. Sí, habrá un choque mientras tu carne lucha contra el espíritu y el espíritu lucha contra la carne. Lamentablemente, muchas personas se confunden y no saben qué hacer cuando se produce ese choque.

Muchos creen que, con el solo hecho de acercarse a Jesús, la guerra entre la carne y el espíritu desaparecerá. Y aunque tener una relación más cercana con Jesús es absolutamente crítico, obedecerlo es igual de importante, si no más. De hecho, la obediencia es un componente clave para crecer en intimidad con nuestro Rey (Juan 15:10-11). Reconocerlo como Rey es lo que hará que tu carne ceda al gobierno del espíritu. Hasta que establezcas quién es el que manda realmente, terminarás inventando todo tipo de excusas para no tratar con la realidad de la autoridad de Jesús. Sí, Jesús te ama. Sí, Jesús te consuela. Sí, Jesús suple tus necesidades, pero Jesús también te gobierna. Y, cuando decides desobedecerlo, decides perder los beneficios de su reino.

Ciudadanos del cielo

Demasiadas personas quieren un Salvador, pero no un Rey. No quieren que Jesucristo tome las decisiones o tenga la última palabra. Como resultado, estalla un conflicto tras otro hasta que todo termina en un completo desastre. Filipenses 3:20 dice: "Mas nuestra ciudadanía está en los cielos, de donde también esperamos al Salvador, al Señor Jesucristo". Tú y yo somos, ante todo, ciudadanos del cielo. Ten en cuenta que ciudadanía se refiere a tu lugar oficial de residencia. Todos somos residentes del reino y, debido a que pertenecemos al reino, nos sujetamos a sus convenios y reglas. Nuestro Rey nos ha asignado un reino (Lucas 22:28-30).

Si viajas al extranjero, debes tener un pasaporte. Ese pasaporte te permite abandonar el reino de tu ciudadanía nacional y entrar a otra nación. Te permite visitar otros países o reinos. El pasaporte te identifica y te define con respecto a tu ciudadanía, tanto es así que las reglas de gobierno de tu país de origen tienen vigencia para ti dentro de la embajada de tu nación, sin importar en qué país te encuentres.

Del mismo modo, como ciudadano del cielo, Jesús no espera que dejes tu pasaporte en casa. Cuando vayas al trabajo, salgas con amigos o publiques algo en Internet, Jesús no quiere que finjas ser otra persona. Eres parte del reino de los cielos y debes representar el reino de tal manera que le des la honra.

Lo que muchos cristianos quieren es vivir aquí en la tierra sin un pasaporte celestial. Prefieren la doble ciudadanía; pero no funciona así. Jesucristo, como nuestro Rey, ha establecido los fundamentos bajo los cuales debemos vivir. Habrá consecuencias cuando decidamos ir en su contra. Cuando vivamos fuera de los mandatos del reino de Jesús, perderemos acceso a la autoridad de su reino que opera sobre nosotros.

El nombre de Jesús es Rey. Es nuestro soberano. Es la autoridad final, y es el que toma todas las decisiones. Mateo 28:18 dice: "Y Jesús se acercó y les habló diciendo: Toda potestad me es dada en el cielo y en la tierra". No algo. No una parte. No un poco. *Toda.*

Es cierto, esta es una parte de Jesús de la que no hablamos mucho. Sin embargo, dado que le pertenece toda autoridad, ¿no crees que sería sabio obedecerlo? Él tiene la autoridad para revertir cualquier dificultad en la que te encuentres. Él tiene autoridad para darte la victoria sobre esos compañeros de trabajo que quieren perjudicarte. Él tiene autoridad para resolver tus problemas financieros, restaurar tu matrimonio o ayudarte a cumplir tu destino. Él es el que manda en todo. Incluso en tus pruebas y tus problemas. También a tus enemigos. Además, tiene autoridad sobre el mayor enemigo de todos los tiempos, el propio Satanás. Apocalipsis 17:14 dice: "Pelearán contra el Cordero, y el Cordero los vencerá, porque él es Señor de señores y Rey de reyes; y los que están con él son llamados y elegidos y fieles". Y en Apocalipsis 19 podemos leer:

> Y en su vestidura y en su muslo tiene escrito este nombre: REY DE REYES Y SEÑOR DE SEÑORES... Y vi a la bestia, a los reyes de la tierra y a sus ejércitos, reunidos para guerrear contra el que montaba el caballo, y contra su ejército... Y los demás fueron muertos con la espada que salía de la boca del que montaba el caballo (vv. 16, 19, 21).

En esta guerra final, Jesús mostrará, a aquellos que piensan que tienen poder, que Él es el Rey de reyes. Jesús está sobre todo. Por eso ya no tienes que vivir una vida de temor. No importa si alguien tiene una posición más alta que la tuya o más dinero que tú, es más apuesto que tú o parece tener más poder que tú. No importa cuánta autoridad tenga alguien sobre ti, Jesús tiene incluso más autoridad sobre ellos. Solo perdemos cuando tratamos de ganar nuestras batallas a nuestra manera, con nuestra propia sabiduría.

Busca el gobierno de Jesús, acata su pacto y vive bajo su autoridad con su justicia, y Él triunfará sobre todo aquello que enfrentes que esté en contra de Él. Ningún ser humano tiene la última palabra sobre ti, porque ningún ser humano es el Rey de reyes. Puede que sea *un* rey, pero no es *el* Rey. Puede que sea *un* jefe, pero no es *el* jefe. Puede que sea *una* autoridad, pero no es *la* autoridad. Jesús no es solo el bebé bueno y manso recostado sobre un pesebre como hemos visto. Él es poderoso y tiene toda autoridad para ganar cualquier guerra que le entregues. Él es tu general, comandante, guerrero, el que pelea por ti y, lo más importante, tu Rey.

Y la sangre os será por señal en las casas donde vosotros estéis; y veré la sangre y pasaré de vosotros, y no habrá en vosotros plaga de mortandad cuando hiera la tierra de Egipto.

ÉXODO 12:13

El siguiente día vio Juan a Jesús que venía a él, y dijo: He aquí el Cordero de Dios, que quita el pecado del mundo.

JUAN 1:29

4

CORDERO DE DIOS

¿Cómo puede un rey ser también un cordero? ¿No parecen contradecirse los dos roles? ¿No es manso y apacible un cordero? Después de todo, es un animal indefenso sin mucha perspicacia e inteligencia. Puede ser difícil imaginar cómo Jesús puede encarnar las cualidades de un cordero además de las de un rey. Sin embargo, una vez que conozcas al Cordero de Dios, como lo podemos conocer a fondo en las Escrituras, verás que el Cordero, en realidad, es un Rey fuerte y poderoso. De hecho, Cordero es el nombre que debes invocar cuando te encuentres en tus batallas más difíciles. El Cordero es digno de tu mayor honor, temor y respeto.

No obstante, no nos adelantemos demasiado. Comencemos por el origen del rol de un cordero, y veamos cómo Jesús lo cumple antes de estudiar con más detalle al Cordero guerrero que algún día reinará. Desdichadamente, demasiadas personas quieren saltarse el comienzo y la importancia del sacrificio del Cordero, y por eso nunca llegan a descubrir el poder del Cordero en sus vidas diarias.

Cuando Adán y Eva pecaron por primera vez en el huerto, intentaron solucionar el problema por sí mismos. Cosieron algunas hojas de higuera y las amarraron alrededor de sus cuerpos para tratar de cubrir su vergüenza, pero Dios no aceptó esa cobertura. Vestirse con hojas de higuera no satisfizo las demandas de un Dios santo. Como resultado, Dios mismo tuvo que matar a un animal y derramar sangre para ofrecer a Adán y Eva una cobertura que fuera aceptable para Él (ver Génesis 3:7, 21). Este acto condujo a todo un sistema de sacrificios que se llevaron a cabo a lo largo de todo el Antiguo Testamento mediante el cual la ira de Dios podría aplacarse temporalmente.

Podemos encontrar la pieza principal de este plan, un acontecimiento llamado la Pascua, en Éxodo 12. Cuando el pueblo de Israel se estaba preparando para ser libre de su esclavitud en Egipto, la última plaga que Dios envió implicaba la muerte de los primogénitos de esa tierra. Para que los israelitas no fueran afectados por lo que Dios había dicho que haría, se les ordenó tomar la sangre de un cordero sin mancha y pintar los dinteles de las puertas de sus casas con esa sangre. Cuando el Señor pasara por sus casas, reconocería el sacrificio y pasaría de largo y dejaría con vida a todos los que se encontraran dentro. Leemos acerca de esto en Éxodo 12:13:

> Y la sangre os será por señal en las casas donde vosotros estéis; y veré la sangre y pasaré de vosotros, y no habrá en vosotros plaga de mortandad cuando hiera la tierra de Egipto.

En otras palabras, la sangre evitaría el juicio basado en la justicia de Dios. La razón por la que tenía que haber sangre sobre los dinteles de las puertas en vez de sobre cualquier otra cosa es por este principio que se encuentra en las Escrituras: "Porque la vida de la carne en la sangre está" (Levítico 17:11). Si una persona pierde demasiada sangre, pierde la vida. Y Dios dice que debe haber derramamiento de sangre para evitar su ira.

Un sacrificio suficiente

Dios es santo. Dios es justo. Él no es solo reaccionario cuando se trata de su respuesta al pecado. No pierde el genio y se enoja. Más bien, la ira de Dios está ligada a su justicia, y esta es parte de su naturaleza. Y, aunque Dios no prefiere la ira, no puede pasar por alto la justicia. Tiene que ejercerla. Por eso, por su inmensa gracia y misericordia, se le ocurrió una manera de evitar su ira.

Esta solución temporal en el Antiguo Testamento implicaba la matanza de corderos, así como también otros sacrificios prescritos. Cuando Dios vio la sangre, la aceptó como lo que podríamos compararla a un "plan de pagos". El sacrificio de animales nunca representó el pago total del problema que había causado el pecado, aunque retrasaba el castigo completo. La razón por la que nunca representó el pago completo fue porque no eran sacrificios equitativos. En otras palabras, el hombre era el pecador, pero el cordero era el sacrificio. El ser sacrificado tenía que ser de la misma naturaleza de aquel por quien se hacía el sacrificio para poder hacerse el pago total (Hebreos 10:4).

El sacrificio debía ser sin mancha, sin pecado. Tenía que ser perfecto, sin enfermedad. No podía tener nada malo. Y, a pesar de que un cordero no tiene pecado, no tiene la capacidad de pecar por la naturaleza de su existencia, por lo que el sacrificio no estaba en línea con lo que necesitaba incluir. Hebreos 10:11-14 muestra el mayor contraste entre los sacrificios del pasado y el que lo consumó una vez y para siempre:

> Y ciertamente todo sacerdote está día tras día ministrando y ofreciendo muchas veces los mismos sacrificios, que nunca pueden quitar los pecados; pero Cristo, habiendo ofrecido una vez para siempre un solo sacrificio por los pecados, se ha sentado a la diestra de Dios, de ahí en adelante esperando hasta que sus enemigos sean puestos por estrado de sus pies; porque con una sola ofrenda hizo perfectos para siempre a los santificados.

El antiguo sistema ofrecía un retraso del castigo, pero era un sistema que requería repetición. Todos los años, el sumo sacerdote tenía que ir al lugar santísimo para presentar el sacrificio el día de la expiación. Sumado a ello, todas las personas tenían que ofrecer sus propios sacrificios de forma regular para evitar el juicio de Dios. El sacrificio de un cordero tenía el propósito de expiación sustitutiva. A menos que primero comprendamos la importancia de esta realidad, no comprenderemos cabalmente el significado de este nombre de Jesús. En conclusión, Dios es quien debe juzgar el pecado. Y nosotros somos pecadores. Por lo tanto, todos estamos bajo juicio.

Ahora bien, no todos pecamos al mismo nivel ni de la misma manera, pero cuando se trata de las categorías de santidad y perfección, no importa si eres un gran pecador, un pecador promedio o poco pecador. Cualquier pecado contamina la santidad como cualquier cantidad de arsénico contaminaría una olla de estofado. Tendría que desecharse toda la olla una vez que se introdujera el arsénico en la ecuación.

Algunas personas piensan que, porque obedecen la mayoría de los Diez Mandamientos, deben estar bien. Sin embargo, imagínate que estuvieras colgado de una cadena de diez eslabones al borde de un acantilado. Si solo se rompiera un eslabón, ¿qué te sucedería? Del mismo modo, si desobedeces uno solo de los Diez Mandamientos, ya no eres santo. La norma de Dios es la perfección, no es suficiente ser "bastante bueno". Dios solo acepta lo que es aceptable para Él, no lo que tú quieres que acepte solo porque es aceptable para ti. ¿Alguna vez fue alguien a tu casa para hacerte un trabajo y, aunque él pensó que había hecho un buen trabajo, tuviste que decirle que no estabas satisfecho con lo que había hecho? La razón por la que tu punto de vista es lo que más importa es porque tú eres el dueño de la casa. Del mismo modo, la norma de Dios es lo que importa cuando se trata de su creación. Él no aceptará nada menos que la perfección. Por eso es importante que Jesús se llame Cordero sin mancha ni contaminación (1 Pedro 1:18-19; Hebreos 9:11-14). Como el Cordero de Dios, Jesús cumple con esta perfección.

Primera de Corintios 5:7 se refiere a Él como "nuestro Cordero pascual" (NVI). Juan 1:29 dice: "El siguiente día vio Juan [el bautista] a Jesús que venía a él, y dijo: He aquí el Cordero de Dios, que quita el pecado del mundo". Si lees esos versículos demasiado rápido, puede que se te pase por alto una frase clave. La frase preposicional "del mundo". Cuando Jesús vino como el Cordero de Dios, ofreció un sacrificio conocido como *expiación ilimitada*. La muerte de Jesús fue tan suficiente, que cubrió todos los pecados de cada persona que haya vivido y que vivirá en toda la historia. Su sacrificio satisface las demandas de todo el mundo (1 Juan 2:2).

En 2 Corintios 5:19 leemos: "Dios estaba en Cristo reconciliando consigo al mundo, no tomándoles en cuenta a los hombres sus pecados, y nos encargó a nosotros la palabra de la reconciliación". Por medio de Jesús, Dios reconcilió consigo al mundo entero. Jesús es el Cordero de Dios que satisfizo las demandas de Dios, porque cumplió con las normas de Dios. Una de estas normas fue la perfección. Jesús era perfecto. Otra norma era que el sacrificio debía ser humano. Jesús cumplía con ese requisito. Una tercera norma era que el sacrificio debía ser como nosotros. Hebreos 2:17 dice: "Por lo cual debía ser en todo semejante a sus hermanos, para venir a ser misericordioso y fiel sumo sacerdote en lo que a Dios se refiere, para expiar los pecados del pueblo".

Jesús debía ser de sangre, piel y huesos. Tenía que entender lo que era la lucha, el dolor y la pérdida. Jesús cumplía con todos esos requisitos, y además era perfecto.

En la cruz, Jesucristo cargó con todos los pecados de todas las personas del mundo, una vez y para siempre.

Una idea errónea muy común sobre el cielo y el infierno es que las personas no van al cielo —y que ulteriormente a donde van es al infierno— a causa de sus pecados. Si eso fuera cierto, ni las personas salvas podrían ir al cielo, porque incluso ellas han pecado. No, las personas no van al infierno por sus pecados. ¿Por qué? Porque Jesús ofreció el sacrificio por *todos* los pecados. Sus últimas palabras en la cruz fueron: "Consumado es" (Juan 19:30). Eso significa que el castigo por el pecado se pagó en su totalidad.

El problema es que, a pesar de que los pecados de todos

han sido pagados, los que van al infierno no tienen vida eterna. Juan 3:16 dice: "Porque de tal manera amó Dios al mundo, que ha dado a su Hijo unigénito, para que todo aquel que en él cree, no se pierda, mas tenga vida eterna". Lo que falta es la *vida*. Han decidido no recibir la vida que Dios les ha dado. De hecho, la han rechazado

Déjame tratar de ilustrar esto con un ejemplo contemporáneo. Si yo te comprara un automóvil nuevo y te lo diera, yo pagaría por todo, incluso los impuestos. El único inconveniente sería que el automóvil aún estaría en el concesionario a la espera de que tú lo recibieras. Ahora bien, si decidieras no ir a buscar el automóvil, no te serviría de nada. Peor aún, si decidieras ir a buscarlo y conducirlo, pero aun así enviaras tus pagos mensuales, estarías indicando que no crees que el automóvil ya te pertenezca.

¿O qué me dices de los regalos de cumpleaños? Todos los años recibimos regalos. ¿Alguna vez te hicieron un regalo de cumpleaños y luego quisiste pagarle a la persona que te lo dio? ¿O tal vez alguien haya hecho eso contigo alguna vez? Lo dudo. ¿Por qué? Porque un regalo es simplemente eso: un regalo. Del mismo modo, el regalo de la vida eterna no es algo que podamos ganar, comprar o devolver. Sin embargo, tenemos que recibirlo solo por la fe en Cristo y la expiación de nuestros pecados. Es totalmente posible que alguien haya pagado por los pecados de otro y, sin embargo, esa persona no se beneficie de ese pago porque decida no creer.

Las personas no van al infierno porque han pecado. La deuda del pecado ha sido saldada. La razón por la que no van al cielo y, por lo tanto, terminan en el infierno, es porque no han respondido con fe a quien pagó para poder recibir el regalo de la vida eterna (Apocalipsis 20:11-15). Como verás, por eso el evangelio significa "buenas noticias". No tienes que pagar por nada. La gran noticia del evangelio es que la deuda de nuestro pecado ha sido pagada en su totalidad. Dios permitió que un sacrificio duradero, el Cordero de Dios, sustituyera el castigo que cada uno de nosotros merecía. En 2 Corintios 5:21 se expresa este concepto de esta manera: "Al que no conoció pecado, por nosotros lo hizo pecado, para que nosotros fuésemos hechos justicia de Dios en él". Dios inició una transferencia de crédito. Tomó la justicia de Jesús y la transfirió a cada persona que recibe a Cristo por la fe en Él.

Entonces, aunque tengas un pasado terrible por tus propios méritos, cuando Dios te mira, es como si nunca hubieras pecado. Eres aceptable para un Dios perfecto, porque Él te ha dado la justicia de Jesucristo. Es una buena noticia cuando se trata de una factura que no tienes que pagar, especialmente una que nunca podrías pagar.

La teología del Cordero

Para comprender la teología del Cordero, primero debemos estudiar la teología de la salvación misma. Ahora bien, si ya eres salvo, puedes estar tentado a pasar por alto esta sección. Sin embargo, esta parte del capítulo está escrita con dos propósitos en mente. Primero, para aquellos que nunca han conocido los fundamentos básicos de la fe cristiana, quiero presentarlos claramente. Segundo, para aquellos que ya se han convertido a Cristo, quiero enseñarles una forma clara y poderosa de testificar de su fe a otros.

El problema

> Pues todos hemos pecado; nadie puede alcanzar
> la meta gloriosa establecida por Dios (Romanos
> 3:23, NTV).

La salvación es una buena noticia, pero nos llega en un contexto de malas noticias. La mala noticia es que todos somos pecadores. Ningún hombre o mujer del planeta Tierra, pasado, presente o futuro, está libre de pecado.

La palabra griega para *pecado* significa literalmente "errar el blanco". Describe a un arquero que tensó la cuerda, lanzó su flecha, pero no dio al centro del blanco. Del mismo modo, el pecado implica errar el objetivo. ¿Cuál es el blanco? Romanos 3:23 (NTV) dice: "Pues todos hemos pecado; *nadie puede alcanzar la meta gloriosa establecida por Dios*". El pecado no puede alcanzar la meta gloriosa de Dios; su norma establecida.

Para ayudarte a comprender este concepto, debo desenmascarar un mito popular que ha circulado entre los medios de comunicación, la comunidad literaria y, a veces, incluso dentro de la misma Iglesia. El mito es que el pecado se puede medir en diferentes grados. Para muchos de nosotros, los delincuentes parecen ser pecadores empedernidos, mientras que aquellos que dicen pequeñas mentiras son pecadores insignificantes. Parecería lógico creer que los presos de la cárcel comunal no tienen pecados tan graves como los de la penitenciaría estatal. Sin embargo, el pecado se ve muy diferente desde la perspectiva de Dios.

En las Escrituras, el pecado no se mide en grados. O alcanzamos la meta gloriosa establecida por Dios o no lo hacemos. Dado que toda la pregunta sobre el pecado gira alrededor de este punto, asegurémonos de comprender bien cuál es nuestro blanco.

La palabra *gloria* se refiere a algo que se muestra, que se pone a la vista. El pecado es errar al blanco, y el blanco es "mostrar a Dios" de manera adecuada. Cuando vemos el asunto desde esta perspectiva, nuestra comprensión del pecado comienza a cambiar. Cada vez que hacemos algo que no revela con precisión quién y qué es Dios, cada vez que no reflejamos el carácter de Dios, pecamos.

Cuenta una historia de dos hombres que estaban explorando una isla cuando, de repente, un volcán entró en erupción. En unos instantes, los dos se encontraron rodeados de lava fundida. A unos metros de distancia había un lugar libre de lava y un camino a un lugar seguro. Sin embargo, para llegar allí tenían que saltar por encima del río de roca derretida. El primer hombre era una persona mayor activa, pero tampoco tenía un estado físico ejemplar. Corrió tan rápido como pudo, dio un salto sorprendente, pero solo logró atravesar unos pocos metros. Y encontró una muerte rápida en la lava ardiente.

El otro explorador era un hombre mucho más joven y viril en excelente condición física. De hecho, conservaba hasta ese día su récord universitario de salto de longitud. Puso toda su energía en su carrera, saltó de forma impecable y rompió su propio récord universitario. Desdichadamente, aterrizó muy lejos del lugar libre de lava. Aunque el hombre más joven superó claramente a su compañero, ambos terminaron muertos de la misma manera. La supervivencia estaba tan fuera de alcance que su destreza se convirtió en algo inútil.

El grado de "bondad" puede ser importante al contratar a

un empleado o elegir amigos, pero cuando el problema es el pecado, la única norma que importa es la perfecta santidad de Dios. La pregunta no es cómo te comparas con el hombre de la calle, sino cómo te comparas con Dios. La norma de Dios es la justicia perfecta, y es una norma que ni siquiera la persona con el mejor comportamiento o la mejor ética moral puede alcanzar.

La pena

> Por tanto, como el pecado entró en el mundo por un hombre, y por el pecado la muerte, así la muerte pasó a todos los hombres, por cuanto todos pecaron (Romanos 5:12).

Después de leer este versículo, tal vez estés pensando: *Si el pecado entró en el mundo a través de un hombre (Adán), no es justo que se castigue al resto de nosotros.* Sin embargo, la muerte se extendió a todos los hombres "por cuanto todos pecaron". No somos castigados solo porque Adán pecó, sino porque heredamos la inclinación de Adán a pecar y nosotros mismos también hemos pecado.

¿Alguna vez notaste que no necesitas enseñarles a tus hijos a pecar? ¿Te imaginas sentarte con tu hijo y decirle "así se miente correctamente" o "déjame mostrarte cómo ser egoísta"? Esas cosas vienen naturalmente.

Permíteme ilustrar esto de otra forma. ¿Alguna vez viste una manzana con un pequeño agujero? Si es así, lo más probable es que hayas dudado en comerla. La presencia del agujero sugiere que hay un gusano. Ahora bien, la mayoría de la gente no sabe cómo el gusano logró entrar en esa manzana. Piensan que un gusano adulto se estaba deslizando un día cuando decidió perforar la piel exterior de la fruta y hacer su casa dentro. Sin embargo, no es eso lo que sucede. Las larvas de gusano nacen de los huevos que caen sobre la fruta o las hojas. Como larvas jóvenes, hacen su hogar en la fruta. El agujero se produce luego cuando el gusano adulto se abre camino para salir.

Del mismo modo, la semilla del pecado está dentro de cada uno de nosotros cuando nacemos. Aunque puede pasar un tiempo antes que la presencia del pecado se manifieste en la superficie, está allí y finalmente se da a conocer.

El pecado exige una pena. Ese castigo, según las Escrituras, es la muerte (ver Romanos 6:23). Eso implica tanto la muerte física (cuando el alma es separada del cuerpo) como la muerte espiritual (cuando el alma es separada de Dios).

La provisión

> Mas Dios muestra su amor para con nosotros,
> en que siendo aún pecadores, Cristo murió por
> nosotros (Romanos 5:8).

"Mas Dios" son dos palabras muy poderosas. Pueden revolucionar cualquier situación. *Mi matrimonio se está desmoronando, mas Dios... Mi esposo nos abandonó y mis hijos están incontrolables, mas Dios... no tengo trabajo, ni ingresos, ni futuro, mas Dios...*

Dios puede restaurar cualquier situación. Él es más grande y más poderoso que cualquier dificultad, adversidad o resultado del pecado.

Soy un pecador condenado a estar separado de Dios por la eternidad, mas Dios... Esas palabras resumen la teología de la salvación hacia cada uno de nosotros. Aun cuando éramos pecadores, Dios demostró su amor por nosotros al enviar a Jesucristo, su Cordero justo, a morir en nuestro lugar.

Qué asombroso es que Dios nos amara tan profundamente. En verdad no hemos hecho nada para merecerlo. No obstante, nos asombramos aún más cuando consideramos la importancia del sacrificio de Jesús en el Calvario.

No cualquiera podía morir por la pena del pecado. Como sabes, todos hemos pecado, por lo que ninguno de nosotros podía morir para pagar esa pena. Cada uno de nosotros tenemos nuestro propio precio que pagar. Quien quiera que nos salvara debía ser alguien absolutamente sin pecado.

Considera esta ilustración: Dos hermanos jugaban en el bosque un día de verano cuando, casi sin previo aviso, una abeja voló y picó al hermano mayor en el párpado. Este se llevó las manos a la cara y cayó al suelo dolorido. Mientras el hermano menor miraba con horror, la abeja comenzó a zumbar alrededor de su cabeza. Aterrorizado, empezó a gritar: "¡La abeja me va a picar!". El hermano mayor, recuperó su compostura y le dijo: "¿De qué estás hablando? Esa abeja no te puede hacer daño porque ya me picó a mí".

La Biblia dice que esto es lo que sucedió en el Calvario. Dios te ama tanto que bajó del cielo en la persona de Jesucristo y recibió el "aguijón de la muerte" en tu lugar. Jesús colgó de la cruz, no por su propio pecado, sino por el tuyo y el mío. Debido a que Jesucristo no tiene pecado, su muerte pagó la pena por todos nosotros (2 Corintios 5:21).

¿Cómo sabemos que la muerte de Jesús en la cruz realmente resolvió el problema del pecado? Por lo que pasó ese domingo. Cuando María Magdalena llegó a la tumba de Jesús esa mañana, no pudo encontrarlo. Vio a alguien y pensó que era el hortelano. Entonces le preguntó a dónde se habían llevado el cuerpo del Señor. Cuando el hortelano dijo su nombre, María se quedó pasmada y maravillada. Era Jesús (ver Juan 20:1-18).

Según 1 Corintios 15:6, más de quinientas personas vieron personalmente a Cristo resucitado antes que ascendiera al cielo. Si no fuera por la resurrección, nuestra fe sería vana e inútil. Como dijo el apóstol Pablo, si Cristo no hubiese resucitado, somos los más dignos de conmiseración de todos los hombres; pero la realidad es que el Cordero de Dios *ha* resucitado (1 Corintios 15:12-20).

El perdón

> Pero al que obra, no se le cuenta el salario como gracia, sino como deuda; mas al que no obra, sino cree en aquel que justifica al impío, su fe le es contada por justicia (Romanos 4:4-5).

> Porque por gracia sois salvos por medio de la fe; y esto no de vosotros, pues es don de Dios; no por obras, para que nadie se gloríe (Efesios 2:8-9).

Si las buenas obras pudieran salvar a alguien, no hubiera tenido sentido que Jesús muriera. Sin embargo, Jesús sabía que no podíamos pagar el precio del pecado. Por eso, su sacrificio como el Cordero de Dios fue vital. Para que su sacrificio garantice nuestro perdón, debemos creer en Él como nuestro Salvador.

Creer *en* Jesús significa mucho más que creer *acerca de* Jesús. Conocer los hechos sobre su vida y su muerte es un mero "conocimiento intelectual". Creer en Jesús exige que pongamos en práctica ese conocimiento. Significa confiar en Él, depositar toda nuestra fe en Él, descansar en Él. Sin saberlo, ilustras este concepto cada vez que te sientas. Cada vez que apoyas tu peso sobre una silla, "crees" que esa silla te sostendrá. La mayoría de nosotros tenemos tanta fe en las sillas que, a pesar de nuestro peso, nos sentamos sobre ellas sin pensarlo dos veces.

Si te surge un poco de duda, tal vez te estabilices y te sostengas con tus manos o con tus pies y apoyes solo una parte de tu peso sobre la silla. Eso es lo que muchas personas hacen con la salvación. Están racionalmente seguros de que Jesús es quien dice ser. Sin embargo, se sienten más seguros si confían un poco en sus esfuerzos de comportarse bien, seguir las tradiciones de la iglesia o cualquier otra cosa que puedan hacer.

Debes comprender que, si confías en algo más allá de Jesús para tu salvación, lo que realmente estás diciendo es que Jesucristo no es suficiente.

Dios está esperando que apoyes todo el peso de tu existencia sobre Jesucristo y lo que Él hizo en la cruz. Todo tu destino eterno debe descansar en Él.

Podrías decir: "Pero mi madre era cristiana y oró por mí". Gloria a Dios. ¿Pero y tú? El cristianismo no tiene nada que ver con tu herencia. No tiene nada que ver con el nombre de la iglesia a la que asistes, sino con haber depositado toda tu confianza únicamente en la persona y la obra de Cristo.

El Cordero de Dios nos ofrece la redención de nuestros pecados. Romanos 3:24 dice: "Siendo justificados gratuitamente por su gracia, mediante la redención que es en Cristo Jesús". Si recuerdas las estampillas canjeables de *S & H Green*, este versículo tendrá más sentido para ti. Una persona podía canjear las estampillas que recibían de otras tiendas al comprar algo. Podían canjearlas por otro artículo en el centro de canjes. Esto es exactamente lo que significa la redención: liberar el pago o el costo de un artículo. En los tiempos cuando la esclavitud era legal en los Estados Unidos, los esclavos a veces eran "redimidos" cuando alguien pagaba el precio impuesto y luego se los liberaba. El Cordero de Dios pagó el precio que nosotros debíamos, a fin de redimirnos de nuestros pecados.

Además de proveer justificación y redención, Jesús también fue la propiciación por nuestros pecados. Vemos esto en Romanos 3:25: "A quien Dios puso como propiciación por medio de la fe en su sangre, para manifestar su justicia, a causa de haber pasado por alto, en su paciencia, los pecados pasados". *Propiciación* es un importante término teológico que significa "satisfacción". Ser propiciado significa ser satisfecho. Así pues, cuando decimos que el Cordero de Dios satisfizo las demandas del Dios santo con su expiación sustitutiva, estamos declarando que Él es la propiciación por nuestros pecados.

El Cordero de Dios ofrece vida eterna a todos los que responden al don de la justificación, redención y propiciación. Primera de Juan 2:2 dice que Él no solo es la propiciación por nuestros pecados, sino también por los pecados de todo el mundo. Si rechazamos la gracia del Cordero, debemos soportar la ira del Cordero (Apocalipsis 6:15-17). Primera de Pedro 2:24 enfatiza lo siguiente: "Quien llevó él mismo nuestros pecados en su cuerpo sobre el madero, para que nosotros, estando muertos a los pecados, vivamos a la justicia; y por cuya herida fuisteis sanados".

Nuestra respuesta al Cordero de Dios debe ser vivir para

la justicia. Él murió para que tú y yo pudiéramos vivir en victoria espiritual, no en derrota espiritual. Murió para que ya no pertenezcamos al diablo. De esta manera, su muerte no solo nos salva para poder ir al cielo, sino que también nos salva y rescata aquí en la tierra. Por sus llagas somos curados en nuestra vida diaria. Somos curados de adicciones, temores, preocupaciones, problemas relacionales, dudas y mucho más. Quizás todavía no hayas experimentado esta sanidad. Quizás aún luches con heridas a causa del dolor o el pecado de tu pasado; pero lo que el Cordero de Dios aseguró es una redención tan poderosa que Él puede sanar todas las heridas que aún tienes. El sacrificio de Jesús en la cruz no tuvo lugar solo para que los pecadores se pudieran convertir en santos, sino también para que los santos fueran sanados. El Cordero de Dios no solo te salvó para la vida eterna, sino también para esta vida.

No es cualquier cordero

Cuando realmente conoces este nombre de Jesús y lo que Él logró como el Cordero, debería transformar tu manera de vivir. Por eso me encanta Apocalipsis 12:11, donde leemos: "Y ellos le han vencido [al acusador] por medio de la sangre del Cordero y de la palabra del testimonio de ellos, y menospreciaron sus vidas hasta la muerte". Presta atención a lo que no dice este versículo. No dice que vencieron por medio del poder del pensamiento positivo. No fueron vencedores por su propia fortaleza física. No obtuvieron la victoria por la cantidad de dinero que poseían. Las Escrituras señalan que vencieron por la sangre del Cordero. Esto se debe a que, en la cruz, Jesús no solo pagó por tus pecados, sino que también destruyó la autoridad de Satanás. Muchas veces escuchamos sermones sobre el viernes santo, cantamos canciones sobre ese día o pensamos en su muerte ese viernes. Todo eso es bueno; solo que a menudo nos olvidamos de lo que sucedió el sábado. El sábado, Jesús fue al infierno y declaró su victoria al reino demoníaco (1 Pedro 3:18-20; Efesios 4:9).

Entre su muerte y su resurrección, el Cordero de Dios predicó un sermón de victoria. Dijo al diablo: "¡Yo gané y tú perdiste! Yo estoy al mando". La deuda con el diablo se canceló. Se acabó. Entonces la única manera en que el diablo puede ser tu amo ahora es por medio del engaño. Por eso se llama padre de mentira, porque ahora tiene que engañarte para que pienses que no tienes suficiente poder. Y su táctica principal es hacerte olvidar la sangre del Cordero, porque si alguna vez te olvidas del poder de la sangre, perderás de vista lo que te lleva a obtener la victoria en tu vida. La sangre del Cordero es lo que vence al diablo. Es la sangre la que te da el poder de la justicia.

Cuando te levantas cada mañana, antes que tus pies toquen el suelo, debes decir y declarar al diablo la verdad de que el Cordero de Dios se ha encargado de todos tus pecados. No solo lo suficiente para que puedas ir al cielo, sino también lo suficiente para impedir que Satanás te aceche aquí en la tierra.

Esta verdad sobre este nombre de Jesús es tan importante que debería ser una parte habitual de tu manera de pensar y de cada día. Debería ser a lo primero que acudas cuando surgen los problemas de la vida. Invoca la sangre del Cordero cuando enfrentes un problema de cualquier tipo, porque la raíz de toda guerra espiritual es de naturaleza espiritual.

Más de veinte veces en el libro de Apocalipsis, Jesús se

llama con este nombre. Este último libro de las Escrituras, que contiene el misterio del reino venidero de Dios, hace referencia a Jesús como el Cordero una y otra vez. El Cordero inmolado es el único que puede abrir el libro del juicio:

- *Apocalipsis 5:6:* "Y miré, y vi que en medio del trono y de los cuatro seres vivientes, y en medio de los ancianos, estaba en pie un Cordero como inmolado, que tenía siete cuernos, y siete ojos, los cuales son los siete espíritus de Dios enviados por toda la tierra".

- *Apocalipsis 5:8:* "Y cuando hubo tomado el libro, los cuatro seres vivientes y los veinticuatro ancianos se postraron delante del Cordero; todos tenían arpas, y copas de oro llenas de incienso, que son las oraciones de los santos".

- *Apocalipsis 6:1:* "Vi cuando el Cordero abrió uno de los sellos, y oí a uno de los cuatro seres vivientes decir como con voz de trueno: Ven y mira".

- *Apocalipsis 7:9:* "Después de esto miré, y he aquí una gran multitud, la cual nadie podía contar, de todas naciones y tribus y pueblos y lenguas, que estaban delante del trono y en la presencia del Cordero, vestidos de ropas blancas, y con palmas en las manos".

- *Apocalipsis 17:14:* "Pelearán contra el Cordero, y el Cordero los vencerá, porque él es Señor de señores y Rey de reyes; y los que están con él son llamados y elegidos y fieles".

Una y otra vez, Juan se refiere al Cordero como el que reina, al que adoraremos, nuestro guerrero y redentor. Él es el León que desata la ira de Dios (Apocalipsis 5:5). Y en los versículos 11-14, vemos la mejor descripción absoluta del Cordero de Dios:

> Y miré, y oí la voz de muchos ángeles alrededor del trono, y de los seres vivientes, y de los ancianos; y su número era millones de millones, que decían a gran voz: El Cordero que fue inmolado es digno de tomar el poder, las riquezas, la sabiduría, la fortaleza, la honra, la gloria y la alabanza. Y a todo lo creado que está en el cielo, y sobre la tierra, y debajo de la tierra, y en el mar, y a todas las cosas que en ellos hay, oí decir: Al que está sentado en el trono, y al Cordero, sea la alabanza, la honra, la gloria y el poder, por los siglos de los siglos. Los cuatro seres vivientes decían: Amén; y los veinticuatro ancianos se postraron sobre sus rostros y adoraron al que vive por los siglos de los siglos.

Este no es cualquier cordero. Es el Cordero de Dios, que quita el pecado del mundo y es digno de ser alabado. Se sienta en el trono. Libra una guerra victoriosa. Recibe poder, fuerza y honor. Este es el ADN del Cordero de Dios. Debemos hacer que alabarle fuera nuestro estilo de vida, porque, al hacerlo, activamos el poder que nos dio mediante su muerte.

Recientemente filmé un estudio bíblico en Jackson Hole, Wyoming. Es una zona hermosa del país, llena de algunos de los mejores ejemplares de naturaleza y vida silvestre de nuestra nación. Un detalle que noté, mientras viajábamos por las diversas partes del valle donde filmamos, es que había varias indicaciones que recordaba a las personas que llevaran aerosol para osos. Dicho aerosol para osos está destinado a protegerte de los osos salvajes que se aproximan. Pocos días después del vuelo de regreso, un oso atacó y asesinó a una guía turística. Por lo tanto, no son inofensivos, pero el aerosol para osos puede mantenerlos alejados.

Del mismo modo, la sangre del Cordero es nuestro repelente contra Satanás. Cuando Satanás comienza a molestar tu hogar, tu trabajo o tus emociones y pensamientos, debes adorar al Cordero de Dios. Al hacerlo, tienes victoria sobre Satanás por medio de la sangre todopoderosa. La sangre del Cordero te dará la victoria, no solo para la vida eterna, sino también para cada momento de tu vida. Puedes activar el poder de la sangre al adorar al Cordero y someterte a Él.

Satanás no es un enemigo inofensivo. Tiene garras. Tiene fuerza. Sus mandíbulas pueden aplastarte. Es engañoso y viene a ti para desviarte de diversas formas a fin de que no logres vivir el destino del reino de Dios para tu vida. Solo cuando actives el poder de la sangre de Jesús como tu cobertura y tu armamento espiritual caminarás en victoria.

Conoce este nombre. Adora este nombre. Aplica este nombre. Honra este nombre. En este nombre encontrarás protección, poder y fortaleza. Digno es el Cordero.

Juró Jehová, y no se arrepentirá:
Tú eres sacerdote para siempre
Según el orden de Melquisedec

SALMOS 110:4

Por tanto, teniendo un gran sumo sacerdote
que traspasó los cielos, Jesús el Hijo de
Dios, retengamos nuestra profesión…
Acerquémonos, pues, confiadamente al trono
de la gracia, para alcanzar misericordia y
hallar gracia para el oportuno socorro.

HEBREOS 4:14, 16

5

GRAN SUMO
SACERDOTE

Hasta ahora hemos conocido más a fondo a Jesús como Emanuel, el Alfa y la Omega, nuestro Rey y el poderoso Cordero. Sin embargo, la unión de todos ellos es otro rol único que Jesús desempeña al cumplir con la intachable perfección de las altas normas de Dios. Descubrimos este rol en su nombre de Gran Sumo Sacerdote, que predomina en uno de los libros menos comprendidos de la Biblia: Hebreos. Es cierto que Hebreos es uno de los libros más difíciles de comprender de la Biblia. Para la mayoría de la gente es el segundo libro del Nuevo Testamento más difícil de comprender después de Apocalipsis. Una de las razones por las que este libro puede resultar tan confuso es que fue escrito con una presunción. Tal presunción es que sus lectores tenían una sólida comprensión del Antiguo Testamento.

En el Antiguo Testamento, vemos muchos sacrificios,

símbolos, regulaciones y sistemas que contribuían a la rutina diaria de la vida del pueblo. Y, aunque los judíos que vivían en los días en que se escribió Hebreos estaban familiarizados por completo con todo esto y mucho más, la mayoría de los que vivimos hoy no lo estamos.

Muchos de nosotros no venimos de ese contexto. No estamos empapados de la tradición o teología del Antiguo Testamento, del sistema de sacrificios ni del sacerdocio bíblico. Por consiguiente, para muchos de nosotros no está claro de qué está hablando Hebreos.

Si tuviera que resumir el punto central y el mensaje del libro de Hebreos, lo haría en tres palabras: nunca te rindas. Esa es la conclusión de todos los conceptos particulares de este libro.

Nunca te rindas.

Este libro se escribió para un grupo de creyentes que estaban luchando severamente por no tirar la toalla. Estaban siendo tentados a alejarse de la fe. Estaban a punto de rendirse o darse por vencidos porque la vida se había complicado terriblemente para ellos. Vivir como cristianos en su cultura se había vuelto demasiado difícil. Enfrentaban persecución, presiones, obstáculos y adversidades abrumadoras a diario. La vida era dura. Por eso, el autor de Hebreos trató de instarlos a no rendirse. No darse por vencidos. No desesperarse. No dejar que sus corazones, que ya estaban cansados, desfallecieran por completo.

Tal vez puedas identificarte con la audiencia de Hebreos. Puede que te encuentres en una situación extrema y te sientas tentado a rendirte. Quizás te hayas preguntado: "¿Por qué seguir?". Sientes que las cosas nunca van a cambiar ni que tu situación va a mejorar. Puede que pienses que nunca vas a experimentar la victoria que estás buscando ni encontrar la vida que anhelas vivir.

Aunque somos cristianos, vamos a la iglesia, oramos y buscamos al Señor, hay momentos en que cada uno de nosotros (si somos sinceros) nos sentimos tentados a rendirnos. Hay momentos en los que sentimos que nuestra vida pende de un hilo y que cualquier cosa podría destruirnos.

Sin embargo, el autor del libro de Hebreos intenta explicar por qué no tienes que rendirte ni darte por vencido. Y todo gira alrededor de uno de los nombres de Jesús: Gran Sumo Sacerdote.

Requisitos de un sacerdote

Para comprender el significado de este nombre, primero debes comprender la naturaleza del sacerdocio judaico. El autor de Hebreos nos da una idea al comienzo del capítulo 5:

> Porque todo sumo sacerdote tomado de entre los hombres es constituido a favor de los hombres en lo que a Dios se refiere, para que presente ofrendas y sacrificios por los pecados; para que se muestre paciente con los ignorantes y extraviados, puesto que él también está rodeado de debilidad; y por causa de ella debe ofrecer por los pecados, tanto por sí mismo como también por el pueblo. Y nadie toma para sí esta honra, sino el que es llamado por Dios, como lo fue Aarón (vv. 1-4).

Un sacerdote debía tomarse de entre los hombres y constituirse en representación de ellos. En otras palabras, un sacerdote tenía que ser igual a aquellos a quienes servía en este rol. El autor de Hebreos continúa diciendo que el sacerdote también tenía que ser designado por Dios. Nadie podía levantarse una mañana y decidir que quería ser sacerdote. No era una decisión que una persona podía tomar por sí misma. Tampoco otras personas podían hacer de alguien un sacerdote. No podían votar por esa persona. Tenía que haber un llamado definitivo de Dios.

Además, el sacerdote debía ofrecer sacrificios por los pecados. Debía hacerlo por su propio pecado, así como por los pecados de aquellos a quienes representaba (v. 3). Y, aunque estos sacrificios no quitaban el pecado o sus consecuencias, lo retrasaban hasta que un día llegara el verdadero sacrificio. Vemos esto en Hebreos 10:4, que dice: "Porque la sangre de los toros y de los machos cabríos no puede quitar los pecados". Estos sacrificios de animales recordaban al pueblo que el pecado trae muerte. Puesto que el pecado trae muerte, se sacrificaban animales para retrasar el juicio de la muerte sobre los que habían pecado.

Había otro requisito que un sacerdote tenía que cumplir, que se nos revela en Hebreos 5:2: "Puede tratar con paciencia a los ignorantes y extraviados, ya que él mismo está sujeto a las debilidades humanas" (NVI). En esencia, el sacerdote debía entender lo que significaba padecer. Tenía que ser capaz de identificarse con aquellos que experimentan problemas en la vida. No podía ser alguien que no supiera cómo compadecerse de quienes más lo necesitaban. Tener a alguien "sujeto a las debilidades humanas" significa que esa persona tiene sus propias limitaciones y dificultades.

Si alguien trata de ministrar a otros cuando él mismo jamás

ha experimentado dolor, puede que se le vea como alguien que solo brinda información, la cual, a menudo, puede ser superficial, poco realista e incluso idealista. Hay un proceso de aprendizaje que solo puede ocurrir a través de las pruebas y el sufrimiento personal. Un sacerdote tenía que saber esto. Tenía que ser consciente de que él necesitaba limpiarse de sus propios pecados y buscar ayuda divina al igual que las personas por las que realizaba los sacrificios de expiación.

Todas estas cosas nos dan un mejor entendimiento de lo que significa que Jesús sea nuestro Gran Sumo Sacerdote. Como leemos en Hebreos 5:5-10:

> Así tampoco Cristo se glorificó a sí mismo haciéndose sumo sacerdote, sino el que le dijo: Tú eres mi Hijo, Yo te he engendrado hoy. Como también dice en otro lugar: Tú eres sacerdote para siempre, según el orden de Melquisedec. Y Cristo, en los días de su carne, ofreciendo ruegos y súplicas con gran clamor y lágrimas al que le podía librar de la muerte, fue oído a causa de su temor reverente. Y aunque era Hijo, por lo que padeció aprendió la obediencia; y habiendo sido perfeccionado, vino a ser autor de eterna salvación para todos los que le obedecen; y fue declarado por Dios sumo sacerdote según el orden de Melquisedec.

Observa que este pasaje comienza con la frase "así tampoco". Esta es una referencia de comparación, que señala que Jesús era todo lo que se acababa de decir en los versículos 1-4 sobre el sacerdocio, además de todo lo que se estaba por exponer. Él tenía que cumplir con todos los requisitos al igual que los sacerdotes anteriores. Había sido designado por Dios. Era humano. Tenía que conocer y comprender el sufrimiento: llorar como nosotros y comprender lo que significa padecer. En su humanidad, se identificó con la angustia, la agonía, el dolor, el vacío y mucho más. Tal como tú y yo.

Además de cumplir con los requisitos para el sacerdocio según las reglas establecidas hacía mucho tiempo, Jesús también cumplió con un requisito que ningún otro había podido cumplir. Leemos sobre esto en los versículos 6 y 10, donde dice que Jesús era "según el orden de Melquisedec". Su linaje sacerdotal estaba enraizado en el proceso, el desarrollo y la línea histórica de Melquisedec. Para poder ver a Jesús como el Gran Sumo Sacerdote, primero debemos entender quién era Melquisedec.

Ahora bien, es fácil desentenderse del tema cuando alguien menciona un nombre como el de Melquisedec. Eso sucede por una serie de razones, una de las cuales es porque quizás ni siquiera sepas cómo pronunciar esa palabra. Sin embargo, incluso en la época en que se escribió el libro de Hebreos, las personas se desentendieron del tema, a pesar de estar familiarizados con la cultura y la herencia judías. El autor de este libro explica que las personas no prestan atención a ese nombre porque se han vuelto "tardos para oír". Leemos esto en Hebreos 5:11: "Acerca de esto tenemos mucho que decir, y difícil de explicar, por cuanto os habéis hecho tardos para oír".

Esto significa que ni ellos ni muchos de nosotros hoy tenemos oídos espirituales. Significa que todavía estamos pensando en las cosas de este mundo, nos comportamos como el mundo y vivimos en la carne. Es como intentar escuchar una estación de radio FM con el dial puesto en AM. No funcionará a menos que lo cambiemos a FM. Cuando como cristianos vivimos una existencia carnal, las verdades espirituales son incomprensibles. No entendemos lo que significan. Sin embargo, el problema es que, si no entendemos lo que se dice sobre Melquisedec, tampoco entenderemos lo que se dice sobre Jesús. Lo que significa que tampoco recibiremos la ayuda que necesitamos para enfrentar los problemas y las adversidades de la vida.

Conoce a Melquisedec

El nombre de Melquisedec solo aparece dos veces en todo el Antiguo Testamento. Leemos sobre él en Salmos 110: 4, donde dice: "Juró Jehová, y no se arrepentirá: Tú eres sacerdote para siempre según el orden de Melquisedec".

También leemos sobre él en Génesis 14, donde dice:

> Cuando volvía de la derrota de Quedorlaomer y de los reyes que con él estaban, salió el rey de Sodoma a recibirlo al valle de Save, que es el Valle del Rey. Entonces Melquisedec, rey de Salem y sacerdote del Dios Altísimo, sacó pan y vino; y le bendijo, diciendo: Bendito sea Abram del Dios Altísimo, creador de los cielos y de la tierra; y bendito sea el Dios Altísimo, que entregó tus enemigos en tu mano. Y le dio Abram los diezmos de todo (vv. 17-20).

En pocas palabras: Melquisedec era un rey. Era el rey de Salem. Durante los tiempos del Antiguo Testamento, Salem era un nombre que se identificaba con Jerusalén y significaba "paz". Por lo tanto, el rey de Salem es el rey de la paz.

Cada rey tiene un reino, así que sabemos por la naturaleza de su rol, que Melquisedec tenía un reino. Tenía un dominio sobre el cual gobernaba. Era un lugar donde su palabra era definitiva. Sin embargo, además de ser un rey, Melquisedec también era un sacerdote.

Como hemos visto, el trabajo de un sacerdote era representar a la humanidad ante Dios. El trabajo de un profeta era representar a Dios ante la humanidad. Un profeta llevaba la Palabra de Dios a los hombres, pero un sacerdote llevaba los pecados del pueblo a Dios y ofrecía sacrificios en nombre de ellos. Sabemos que Jesús es un profeta, porque se le llama la Palabra de Dios (ver Juan 1, NTV). También sabemos que Él es tanto sacerdote como rey, al igual que Melquisedec.

La escena que nos presenta a Melquisedec (en Génesis 14) viene después de una batalla. Abram acababa de llegar de una guerra. Había estado peleando. Había dado todo lo que podía, había hecho todo lo posible para ganar la victoria. Sin embargo, en medio de su regreso a casa, se encuentra con un sacerdote real llamado Melquisedec, y este rey sacerdote le da pan y vino. ¿Por qué? Porque Abram estaba cansado. A pesar de que había sobrevivido a la batalla, estaba cansado y necesitaba recuperarse. Básicamente, Melquisedec renovó sus fuerzas.

No obstante, fíjate que el pan y el vino venía acompañado de una bendición. Lo vemos manifestado en el Nuevo Testamento, al leer en 1 Corintios 10:16: "La copa de bendición que bendecimos, ¿no es la comunión de la sangre de Cristo? El pan que partimos, ¿no es la comunión del cuerpo de Cristo?". Jesús vino según el orden de Melquisedec, y hoy experimentamos tanto renovación como bendición a través de la cena del Señor. Es lo que ofreció de otra manera el sacerdocio según Melquisedec en ese entonces. La cena del Señor no es solo comer un trozo de pan y beber un poco de jugo. No, está destinada a ayudarte a superar las batallas que has atravesado y a renovar tus fuerzas, así como a prepararte para las batallas que vendrán. Está destinada a darte una bendición totalmente nueva.

Esta bendición está ligada a dos lados de un conflicto. Como sabrás, a menudo salimos de un conflicto y entramos en otro sin que el Señor renueve nuestras fuerzas ni derrame su bendición sobre nosotros. Por eso terminamos derrotados por todos los frentes. Jesús, tu Gran Sumo Sacerdote, ha venido a restaurar tu espíritu, a renovar tus fuerzas y darte su bendición en medio de las adversidades y pruebas de la vida.

Jesús no solo nos restaura y nos bendice con su rol de Gran Sumo Sacerdote, sino que también trae firmeza a nuestra alma y un nivel incomparable de intimidad con Dios. Vemos esto al seguir leyendo el libro de Hebreos:

> La cual tenemos como segura y firme ancla del alma, y que penetra hasta dentro del velo, donde Jesús entró por nosotros como precursor, hecho sumo sacerdote para siempre según el orden de Melquisedec (6:19-20).

Jesús es un ancla para el alma. ¿Qué hace un ancla? Mantiene un bote firme en un lugar. Cuando el bote suelta el ancla, esta lo mantiene en su lugar a pesar de los fuertes vientos que puedan soplar o la tormenta que pueda haber. Aunque el bote se balancee, nunca abandona su ubicación porque el ancla lo sostiene.

La razón por la que necesitas comprender este concepto

es porque si no sueltas el ancla, no te sirve de nada. Si no permites que Jesús esté presente en tu vida como el Gran Sumo Sacerdote y ancla, las tormentas de la vida te llevarán por doquier hasta que termines por estrellarte. Cuando acudas a Él como el Gran Sumo Sacerdote y le permitas sostenerte en el camino porque estás sujeto firmemente a Él, entonces cuando las cosas no estén bien en tu casa, el trabajo, tus finanzas, tu salud o tu bienestar mental y emocional, tendrás un ancla. Te mantendrás firme. A pesar de la turbulencia que estés enfrentando, Jesús te sostendrá fuerte. Te dará esperanza.

La esperanza es una expectativa gozosa del futuro. A la esperanza no le preocupa dónde estás ahora. La esperanza ve cómo terminarán las cosas. Siempre implica expectativa. El sumo sacerdocio de Jesucristo te mantiene firme mientras esperas con expectativa. Te mantiene bien fundado en medio del caos que enfrentas.

Jesús no solo trae renovación, bendición, firmeza y esperanza, sino que también nos trae una mayor intimidad con Dios al llevarnos más allá del velo. El sacerdote tenía que pasar por tres sectores del tabernáculo. Primero, estaba el patio exterior. Luego entraba al lugar santo, para, por último, entrar al lugar santísimo, donde estaba la presencia de Dios. Jesucristo, en virtud de su muerte, sepultura y resurrección, ha quitado el velo que nos separa de Dios Padre. Ahora podemos acceder a la presencia de Dios gracias a nuestra correcta relación con Jesús, nuestro Gran Sumo Sacerdote.

Algo interesante sobre el momento cuando el sacerdote, en tiempos del Antiguo Testamento, entraba en la presencia de Dios es que tenían que atarle una cuerda alrededor del tobillo. La cuerda era para el caso de que el sacerdote hiciera algo mal en la presencia de Dios. Tal vez tocara algo que no debía. O quizás no había pasado correctamente por el proceso de purificación. Cualquiera que fuera el caso, si caía muerto, nadie podía entrar y sacarlo porque nadie más estaba autorizado a entrar en ese lugar tan sagrado. Entonces, si el sacerdote moría, tenían que, literalmente, sacarlo con una cuerda.

Sin embargo, Jesús ha pagado el precio para que nosotros tengamos acceso. Hemos sido justificados. Ya no necesitamos la cuerda, porque Jesús ha abierto el camino al Padre a todos los que depositan su fe en Él. Primera de Juan 2:2 señala: "Y él es la propiciación por nuestros pecados; y no solamente por los nuestros, sino también por los de todo el mundo". Jesús es nuestro abogado ante el Padre (v. 1).

En Hebreos 7:1 leemos que este rol de sacerdote según el orden de Melquisedec incluye servir como mediador: "Porque este Melquisedec, rey de Salem, sacerdote del Dios Altísimo, que salió a recibir a Abraham que volvía de la derrota de los reyes, y le bendijo". Observa la referencia a Dios aquí: Dios Altísimo. En su idioma original, esto hace referencia al nombre de Dios: El Elyón. El Elyón es el nombre de Dios que significa: Él reina sobre todo. Es similar a la corte suprema. No importa lo que diga un tribunal inferior, la corte suprema tiene la última palabra. Del mismo modo, si Dios declara algo diferente que otra persona, la autoridad divina es la que se respeta como ley. Como nuestro mediador y abogado, Jesús nos representa ante la mayor autoridad en la tierra.

La respuesta al Gran Sumo Sacerdote

¿Cuál fue la respuesta de Abram a Melquisedec y qué podemos aprender de esta? Dio a Melquisedec un regalo, conocido como diezmo (ver Génesis 14:20 y Hebreos 7:2). Ahora bien, muchas personas no quieren escuchar hablar del diezmo. Quieren omitir esta parte. Sin embargo, es fundamental entenderlo porque es parte de nuestra relación con el Gran Sumo Sacerdote. Para comprender el concepto más a fondo, debemos ver algunos versículos que se encuentran en Hebreos 8:

- "Ahora bien, el punto principal de lo que venimos diciendo es que tenemos tal sumo sacerdote, el cual se sentó a la diestra del trono de la Majestad en los cielos" (v. 1).

- "Porque si aquel primero hubiera sido sin defecto, ciertamente no se hubiera procurado lugar para el segundo" (v. 7).

- "Al decir: Nuevo pacto, ha dado por viejo al primero; y lo que se da por viejo y se envejece, está próximo a desaparecer" (v. 13).

Muchos cristianos de hoy siguen el convenio equivocado en lo que respecta al diezmo porque lo hacen según el concepto del antiguo pacto en referencia a lo que incluye el diezmo. Con el antiguo pacto, una persona tenía que dar el diezmo para recibir una bendición (ver Malaquías 3:10). Así no funcionan las cosas bajo el nuevo pacto. Recuerda que fue Melquisedec quien primero dio pan y vino y luego una bendición, y Abram respondió con un diezmo. Abram no dio el diezmo para que Dios lo bendijera. Lo hizo porque Dios ya lo había bendecido. Fue una respuesta a la bondad de Dios, no un intento de manipular a Dios.

Efesios 1:3 señala que ya hemos sido bendecidos "con toda bendición espiritual en los lugares celestiales". Dios ya ha determinado nuestras bendiciones. Ya ha decidido dárnoslas. Cuando le damos a Él, no lo hacemos en un esfuerzo por recibir de Él. Damos para expresarle nuestra gratitud.

Mostramos nuestra gratitud a Dios por lo que Jesús nos ha garantizado como nuestro Gran Sumo Sacerdote. Jesús no pasó por las tres áreas del tabernáculo por nosotros. En cambio, pasó por los tres niveles del cielo. Cuando murió y luego se levantó de la tumba, ascendió en una nube y atravesó el cielo atmosférico, el cielo estelar y luego lo que se conoce como el tercer cielo: donde se encuentra el trono de Dios. Traspasó los cielos para sentarse en el trono a la diestra del Padre. Lo que de esta manera Él ha logrado por nosotros es el acceso directo al Padre, lo que nos da la oportunidad de entrar al santuario celestial para recibir socorro divino, lo que nos permite perseverar en las adversidades de la vida.

Hebreos 4:14-16 explica cuál debería ser nuestra reacción:

> Por tanto, teniendo un gran sumo sacerdote que traspasó los cielos, Jesús el Hijo de Dios, retengamos nuestra profesión. Porque no tenemos un sumo sacerdote que no pueda compadecerse de nuestras debilidades, sino uno que fue tentado en todo según nuestra semejanza, pero sin pecado. Acerquémonos, pues, confiadamente al trono de la gracia, para alcanzar misericordia y hallar gracia para el oportuno socorro.

Como resultado de conocer a Jesús como nuestro Gran Sumo Sacerdote, debemos retener nuestra fe. Retener nuestra confesión. No rendirnos. No darnos por vencidos. ¿Por qué? Porque sabemos que tenemos a alguien que intercede por nosotros, que comprende nuestras dificultades y nuestras aflicciones, y nos ha abierto el camino para acceder a quien puede encargarse de ellas.

No hay una etapa difícil de la vida de alguien, que Jesús no haya experimentado también. Él sabe lo que es sentirse solo. Sabe lo que es sentirse rechazado. Sabe lo que es sentirse abandonado, golpeado físicamente y herido. Sabe qué se siente al llorar, gemir, derramar lágrimas de sangre porque el dolor es inmensamente profundo. Sabe lo que es ser traicionado. Sabe lo que es estar sin hogar. Tener sed. Padecer hambre. Ser tentado, atacado, despreciado y menospreciado. Incluso sabe lo que es sentir el peso del pecado porque, en la cruz, cargó con el nuestro. No fue su pecado, pero soportó el peso de las consecuencias del nuestro.

Él puede compadecerse de nosotros. Nos comprende. Siente lo que nosotros sentimos. Por eso tiene tanta compasión. Y tú y yo podemos acceder a esa compasión al acercarnos al trono de la gracia, donde recibimos misericordia y gracia para ayudarnos en nuestros momentos de necesidad. Sin embargo, debemos dar el paso de acercarnos. Debemos acercarnos con confianza. Si tienes una relación distante con Jesús, tu Gran Sumo Sacerdote, nunca podrás experimentar su sacerdocio a tu favor. Si solo eres cristiano el domingo por la mañana, nunca experimentarás su sacerdocio ayudándote en tus momentos de necesidad. Para ver a Dios intervenir en cada una de tus situaciones, debes acercarte a Él con confianza a través de la relación que tienes con Jesús, el Gran Sumo Sacerdote. Tienes que acercarte.

Nunca deberías apartarte de Dios cuando estés sufriendo. Deberías correr hacia Él. No hace bien alejarse de Él. Debes acercarte. De hecho, Él podría estar permitiendo que se prolongue lo que estás pasando porque está intentando que vuelvas a Él. Solo cuando te acerques a Dios a través del acceso del Gran Sumo Sacerdote, podrás acceder a la gracia y la misericordia que necesitas.

Dado que Jesús está sentado en el trono, puede dispensar el regalo divino (gracia). Y dado que Él es nuestro Sumo Sacerdote que nos comprende, puede simultáneamente dispensar compasión (misericordia). Acércate, de esa manera encontrarás fuerzas para seguir adelante. Encontrarás la libertad (Hebreos 7:23-25). Encontrarás la paz. Encontrarás al Gran Sumo Sacerdote, que te dará la ayuda que necesitas.

*Porque un Niño nos ha nacido, un Hijo nos
ha sido dado,
Y la soberanía reposará sobre Sus hombros;
Y se llamará Su nombre Admirable
Consejero,
Dios Poderoso, Padre Eterno,
Príncipe de Paz.*

Isaías 9:6 (nbla)

*Él es la imagen del Dios invisible, el
primogénito de toda creación. Porque en él
fueron creadas todas las cosas, las que hay en
los cielos y las que hay en la tierra, visibles
e invisibles; sean tronos, sean dominios,
sean principados, sean potestades; todo
fue creado por medio de él y para él.*

Colosenses 1:15-16

6

SOBERANO

Se cuenta la antigua historia de una fuerte tormenta en el Medio Oeste. La gente comenzó a correr para buscar refugio y, en medio de todos los que corrían, un hombre vio que un niño llevaba a otro niño sobre su espalda. El niño que iba sobre la espalda parecía ser casi del tamaño del niño que lo cargaba, pero visiblemente más joven. El hombre gritó:

—Ese chico parece pesado. ¿Necesitas ayuda?

—No, no es pesado; es mi hermano —respondió el niño que lo llevaba cargado.

Cuando el peso de un ser querido está sobre tus hombros, de alguna manera no sientes su peso. Estás dispuesto a recorrer esa milla extra, o dos, o veinte, por amor. El amor nos da fuerzas para cargar a los demás cuando nos necesitan.

Ese mismo amor se encuentra en Jesús. Después de todo, estamos hechos a su imagen. Reflejamos su ADN emocional. Sin embargo, Jesús no lleva cargado solo a uno de nosotros sobre su espalda. Nos carga a todos. Nos ayuda a todos. Está

con todos nosotros. Siempre que lo necesitemos. Donde sea
que lo necesitemos. Él está allí.

Es cierto que a veces la vida puede volverse difícil y compli-
cada, y podría ser fácil pensar que no vas a poder salir vivo. Es
fácil pensar eso a veces. No estoy hablando fuera de mi propia
experiencia. Todos necesitamos que Jesús nos cargue cuando
estamos atravesando las tormentas que la vida nos presenta. Por
eso el nombre que veremos en este capítulo es tan importante.
Emanuel, el nombre que estudiamos al comienzo de este libro,
significa que Dios está con nosotros. Y las posiciones de autoridad de Jesús que hemos visto hasta ahora, como Rey, Cordero
y Gran Sumo Sacerdote, revelan cómo Dios se relaciona con
nosotros. No obstante, este próximo nombre nos da una idea de
cuánto es Dios para nosotros... *para ti*. Él está de tu lado. Quiere
que tengas éxito. Y en Él está todo lo que necesitas para lograrlo.

Descubrimos el significado de este nombre en un pasaje
del Antiguo Testamento, que es tan aplicable en este tiempo
como lo era cuando fue escrito.

Pasarían casi 700 años antes que se produjera la encarnación
de este nombre profético. Los israelitas atravesarían una larga
serie de dificultades, pruebas y peligros hasta que la deidad
apareciera en pañales. Este ser único vino a cumplir una serie de
roles importantísimos a través de su vida, pero algunos de ellos
pueden parecer más personales que otros. Pueden parecer más
tiernos que otros. Incluso podrían parecer más indispensables
que otros. El nombre que se da a entender en Isaías 9:6-7, un
pasaje que predice el nacimiento de Jesús, es Soberano:

> Porque un Niño nos ha nacido, un Hijo nos ha
> sido dado, y la soberanía reposará sobre Sus hom-

bros. Y se llamará Su nombre Admirable Consejero, Dios Poderoso, Padre Eterno, Príncipe de
Paz. El aumento de *Su* soberanía y de la paz no
tendrán fin sobre el trono de David y sobre su
reino, para afianzarlo y sostenerlo con el derecho
y la justicia desde entonces y para siempre. El
celo del Señor de los ejércitos hará esto (NBLA).

Según el profeta Isaías, el niño que nacería y el Hijo que
Dios iba a dar llevaría el peso del gobierno sobre sus hombros.
Solo una entidad lleva el peso del gobierno sobre sus hombros, y esa entidad se conoce como soberano. Y aunque un
día Jesús volverá físicamente a la tierra y establecerá su trono
en Jerusalén y desde allí gobernará todo el mundo, mientras
tanto ocupa la posición de gobernante espiritual sobre su
pueblo. El gobierno que ahora dirige activamente es el de su
Iglesia y los ciudadanos de su reino. No solo nos dirige, sino
que también nos lleva cargados sobre sus hombros.

En otras palabras, Jesús hace el trabajo pesado. Como el
Soberano que gobierna el mundo, Jesús puede evadir el trámite
burocrático. Cuando permitimos que nos gobierne, Él lleva el
peso de todo lo que debe realizarse y llevarse a cabo. Provee.
Une. Organiza. Prepara. Cumple. Lamentablemente, una de las
razones por las que no siempre experimentamos las bendiciones
de este rol de Jesús es que no permitimos que nos gobierne ni
a nosotros ni a la Iglesia en general. Sin embargo, cuando se lo
permitimos, Él nos ayuda a influenciar la sociedad en su nombre
y en sus fuerzas para la gloria de Dios y el bien de los demás.

No obstante, Isaías no se limitó a mostrarnos el rol de
Jesús como Soberano. Si bien es decisivo reconocer que Jesús

gobierna, Isaías sabía que a quienes estaba escribiendo en ese momento necesitaban saber *cómo* iba a gobernar. Necesitaban saber acerca de Aquel que los haría libres en todo de una vez y para siempre, tal como nosotros hoy. Por eso, Isaías describió de qué manera Jesús cumpliría su rol de Soberano.

Admirable Consejero

La primera posición de gobierno que Isaías presenta en esta serie de descripciones es la de Consejero. Ahora bien, un consejero es alguien a quien acudes para pedir consejo. Un consejero es alguien a quien acudes para recibir orientación. Si necesitas dirección en tu vida, puedes ir a un consejero. Aunque solo estés buscando tener claridad, puedes acudir a un consejero. Un consejero hace exactamente lo que declara el título: da consejos. Lo que Isaías revela a través de esta descripción es que Jesús vino para desempeñarse como un extraordinario asesor. Es el gran entrenador de la vida. Es el Admirable Consejero. ¡Jesús está para ti!

La mayoría de nosotros hemos vivido lo suficiente como para habernos equivocado y habernos dado cuenta de que seguir nuestra propia intuición personal a veces funciona y muchas veces no. La mayoría de nosotros tal vez hemos experimentado una o dos ocasiones cuando el consejo que recibimos de otros tampoco produjo el resultado que esperábamos. De hecho, algunos consejos pueden hacer que nos preguntemos en qué planeta vive nuestro consejero. Y a menudo podemos irnos de una sesión de consejería y preguntarnos si el consejero realmente quiere ayudarnos a salir adelante, o si solo está buscando que regresemos la próxima semana y paguemos nuevamente.

Aquí es donde Jesús difiere.

Jesús es el Admirable Consejero. La guía, dirección, entendimiento y claridad que Él proporciona siempre es una revelación precisa, oportuna y útil. La sabiduría de lo alto es la que funciona. Vemos esto repetidas veces en las Escrituras:

- *Salmos 32:8*: "Te haré entender, y te enseñaré el camino en que debes andar; sobre ti fijaré mis ojos".

- *Salmos 73:24*: "Me has guiado según tu consejo, y después me recibirás en gloria".

- *Proverbios 3:5-6*: "Fíate de Jehová de todo tu corazón, y no te apoyes en tu propia prudencia. Reconócelo en todos tus caminos, y él enderezará tus veredas".

- *1 Corintios 1:25*: "Porque lo insensato de Dios es más sabio que los hombres, y lo débil de Dios es más fuerte que los hombres".

- *Santiago 3:17*: "Pero la sabiduría que es de lo alto es primeramente pura, después pacífica, amable, benigna, llena de misericordia y de buenos frutos, sin incertidumbre ni hipocresía".

- *1 Juan 5:20*: "Pero sabemos que el Hijo de Dios ha venido, y nos ha dado entendimiento para conocer al que es verdadero; y estamos en el verdadero, en su Hijo Jesucristo. Este es el verdadero Dios, y la vida eterna".

Una de las razones por las cuales la vida se distorsiona tanto para nosotros es que nos apoyamos demasiado en nuestro propio consejo y entendimiento, o buscamos a muchas otras personas para que nos aconsejen. Algunas personas incluso recurren a adivinos, programas de televisión o *podcasts* para encontrar dirección en su vida o buscan consejo en otros medios terrenales. Y si bien algunos de estos pueden dar buenos consejos generales a veces, es evidente que otros no pueden. E incluso en los mejores *podcasts* o artículos, el consejo será general y no tan específico como el que más necesitas para encaminarte hacia tu destino.

Incluso hay personas que terminan confundidas por el mal consejo de sus consejeros. Un consejero equivocado o mal informado puede impedir que salgas adelante. Puede destruir tus sueños. Puede apagar tus esperanzas. De hecho, incluso podría matarte.

Cuando era niño y sufría repetidos ataques de asma, mi padre me llevaba al médico para recibir tratamiento. Sin embargo, una vez el médico cometió un error. Colocó en la jeringa la medicina equivocada. A pesar de su capacitación y sabiduría médica, me dio la medicina incorrecta.

Mi papá dice que todavía recuerda ese día como si fuera ayer, porque mi reacción fue muy grave. Literalmente, pensaron que me moría. Sí, el médico tenía un título. Sí, el médico tenía una licencia. Sí, el médico había estudiado y había ido a la universidad. Sí, el médico incluso le cobró a mi papá. No obstante, el médico era humano. Los humanos cometen errores. De hecho, a menudo.

Sin embargo, Jesús, el Admirable Consejero, nunca se equivoca. Jamás. Colosenses 2:2-3 explica el motivo: "Para que sean consolados sus corazones, unidos en amor, hasta alcanzar todas las riquezas de pleno entendimiento, a fin de conocer el misterio de Dios el Padre, y de Cristo, en quien están escondidos todos los tesoros de la sabiduría y del conocimiento".

En Cristo están escondidos toda la sabiduría, todo el conocimiento y todo el entendimiento. La razón por la cual Jesús es un Consejero tan admirable es porque conoce todos los temas con profundidad. Lo que hace de Él un magnífico asesor es que no puedes mencionar un tema sobre el cual no posea un conocimiento y entendimiento plenos. Jesús no solo posee pleno conocimiento, sino también pleno entendimiento. Hebreos 2:17-18 dice que se hizo como nosotros para poder ayudarnos mejor. Él ha sentido lo que tú sientes. Ha experimentado rechazo. Ha sentido desprecio. Sabe lo que se siente cuando se olvidan de ti, te menosprecian y te subestiman. Él entiende cada situación. Te entiende. Entiende todo.

La mayoría de las veces, un consejero capacitado en las mejores prácticas de consejería busca aplicar tales métodos. Sin embargo, el consejero no siempre puede identificarse con lo que siente una persona o con lo que ha experimentado. No siempre puede identificarse con una situación personal. Por lo tanto, si bien sus consejos pueden ser merecedores de un libro o una monografía, a menudo aun así pueden no ser acertados. Por otro lado, Jesús no solo conoce el camino que debes tomar en medio de las idas y vueltas de la vida, sino que también conoce los obstáculos emocionales y mentales que te impiden sobreponerte a ellos y seguir adelante... y cómo enfrentarlos. En resumen, Él puede guiarte e identificarse contigo.

Jesús sabe de dónde vienes, cómo llegaste a la situación en la que te encuentras y qué necesitas hacer para seguir adelante.

Más aún, también sabe dónde deberían interceptar todos los caminos de la vida y dónde podrían llevarte los desvíos, por lo que puede ayudarte a llegar a tu destino más pronto. En resumen, lo sabe todo. Isaías 40:13-14 señala que no hay información en la tierra que Dios no sepa. Es el mejor consejero porque conoce el final desde el principio, de arriba abajo, y todo lo demás.

Sin embargo, hay condiciones para recibir su consejo. Encontramos una de estas en Juan 7:17: "El que quiera hacer la voluntad de Dios, conocerá si la doctrina es de Dios". También leemos en Eclesiastés 2:26: "Porque al hombre que le agrada, Dios le da sabiduría, ciencia y gozo". Y en Proverbios 1:7, leemos: "El principio de la sabiduría es el temor de Jehová; los insensatos desprecian la sabiduría y la enseñanza". ¿Cuáles son estas condiciones? Hacer la voluntad de Dios, ser bueno a sus ojos y temerle. Todo eso se puede resumir en una sola palabra: *alineación*. Cuando alineas tu corazón, tu mente, tus pensamientos, tus palabras y tus decisiones bajo la soberanía central de Dios y su autoridad en tu vida, obtienes acceso a su sabiduría y su conocimiento. La barrera de seguridad se desactiva y puedes descubrir la sabiduría de Dios para recibir una correcta dirección en y sobre tu vida.

Mientras escribía este libro, llevamos junto a nuestro ministerio, The Urban Alternative [La Alternativa Urbana], aproximadamente a 700 personas a realizar un viaje turístico por Israel. Había pasado muchos años desde mi última estancia en Israel, y la experiencia fue muy estimulante. Me invadieron recuerdos de los numerosos viajes que había hecho allí anteriormente. De las veces que había ido a Israel, tenía una idea general de la disposición de la tierra y la geografía, pero de ninguna manera ni en ningún sentido me asigné el cargo de guía turístico de ese inmenso grupo de viajeros. Eso hubiera sido un error. Más bien, nos asociamos con una compañía que habitualmente ofrece viajes a Israel y conoce los mejores hoteles, las mejores carreteras, la mejor comida y tiene los mejores consejos para recorrer el país de manera fácil y cómoda.

Los guías turísticos pueden realizar un viaje sin problemas y te permiten conocer más de lo que podrías por tu cuenta. Sin embargo, el único guía turístico calificado para la vida es Jesús. Hay muchas personas que quieren ser tu entrenador de vida y te dicen que están calificados para guiarte, pero Jesús es el único Admirable Consejero. Jesús es tu guía turístico, que hace un trabajo perfecto. Nunca se equivoca. Jamás. Además, está disponible las 24 horas, los 7 días de la semana, los 365 días del año. Jamás se retracta. Su correo de voz nunca está lleno. Jamás cancela citas, se va de vacaciones, duerme o cierra sus puertas. Si lo buscas, lo encontrarás, porque uno de sus roles es interceder por ti (Hebreos 7:25).

Jesús es el Admirable Consejero, pero solo si vas a Él y ajustas lo que piensas conforme a lo que Él dice. Sin ese ajuste, Él no será de beneficio para ti.

Dios Poderoso

Jesús, tu Soberano, no solo puede darte el consejo perfecto como tu Admirable Consejero, sino que también puede ejecutar el consejo que te da. Él tiene poder para ver que todo termine bien en cualquier cosa que Él te dirija porque Él es el Dios Poderoso.

Cuando llevas tu automóvil al taller mecánico, generalmente se debe a que el vehículo está haciendo un ruido extraño o algunas luces del tablero están encendidas, lo que indica que algo está mal. Muchas veces ni siquiera sabes lo que está mal. Solo sabes que hay un ruido extraño o una luz que no se apaga, y si no se soluciona, podría convertirse en un problema mucho más costoso en el futuro. Entonces muestras la luz del tablero al mecánico o dejas que escuche el ruido. Y, por lo general, el mecánico lo repara.

Ahora bien, la razón por la que llevas tu automóvil al taller mecánico es porque no tienes el conocimiento suficiente para repararlo por tu cuenta. A menos que seas habilidoso con las manos, no sabes cómo solucionar el problema. Sin embargo, en el taller mecánico, hay todo tipo de instrumentos que informan a los mecánicos lo que necesitan reparar en tu automóvil. Tal vez comiencen por conectarlo a una máquina de diagnóstico para averiguar lo que está funcionando mal. Luego harán un análisis de los resultados, escucharán el sonido del motor, investigarán los problemas que puedan ver y más. En resumen, todos estos pasos se unen para que tu automóvil funcione como debería, para que puedas conducirlo de regreso a casa sin ese ruido o luz molestos.

Déjame decirte algo sobre Jesús. Si vas a Él por su maravilloso consejo y le permites hacer su diagnóstico en ti para determinar qué está mal y arreglar lo que no funciona bien, Él tiene todos los instrumentos, toda la mano de obra y todo el poder para hacerlo. Jesús tiene la capacidad de calmar el caos en tu vida. Tiene la habilidad de rectificar la confusión en tu existencia. Puede restaurar tus relaciones y muchas cosas más si solo acudes a Él para que haga exactamente eso. El Dios Poderoso es tan poderoso que no necesita nada fuera de Él para restaurar todo lo que necesita restauración en tu vida.

Tengo una serie de conectores de electricidad múltiples en mi casa, especialmente en la habitación donde tenemos nuestro televisor y otros dispositivos. Los conectores múltiples están diseñados para poder conectar más de dos artefactos a un solo tomacorriente. A veces, dos tomas eléctricas no son suficientes. Y si bien la energía para suministrar electricidad a varios artefactos está disponible para ti a través de un tomacorriente, si no puedes conectar esos artefactos al tomacorriente, no puedes acceder a esa energía. El conector múltiple te brinda la capacidad de conectar varias cosas a la misma vez.

La vida puede ser similar a veces. Podrías sentir que tienes fuerzas para manejar un problema o dos. Tal vez sientas que puedes enfrentar una o dos pruebas. Sin embargo, cuando se acumulan, tu fuerza no es suficiente. Cuando se acumulan tres, cuatro o cinco problemas o dificultades, ya no quedan reservas en ti donde cavar profundamente en busca de ese poder. El Dios Poderoso es un conector de electricidad múltiple. Y nunca se queda sin suministro. Tiene suficientes tomas eléctricas y poder para manejar cualquier cosa y todo lo que te está pasando en un momento dado. La única advertencia es que necesitas conectarte a Él.

A lo largo de los Evangelios vemos la manifestación del poder de este nombre descriptivo. Un ejemplo es cómo Jesús manifestaba su poder sobre el pecado. Demostraba su capacidad de perdonar el pecado y redimir a las personas de las consecuencias que enfrentaban, y luego las instaba a ir y no pecar más. También expulsaba demonios. Sanaba a los enfermos. Resucitaba a los muertos. A donde quiera que fuera, Jesús demostraba su poder y su fuerza.

Una vez, cuando Jesús se encontró con un hombre

endemoniado, los demonios que estaban dentro del hombre le confesaron que se llamaban Legión. Este demonio que Jesús enfrentó no era solo uno, sino todo un ejército de demonios. Sin embargo, no podían competir con el Dios Poderoso, que los expulsó y les permitió entrar en una manada de cerdos inmundos, que luego echaron a correr pendiente abajo hasta morir (Lucas 8:26-33). Ahora bien, ¿cuál dijiste que era tu problema? Si el Dios Poderoso puede manejar toda una legión de demonios, tiene suficiente poder para ayudarte a superar cualquier cosa que estés enfrentando.

De hecho, incluso el diablo primero debe ir a Dios. Tuvo que pedir permiso para tocar a Job (ver Job 1:6-12). También tuvo que pedir permiso a Dios para tentar y desafiar a Pedro, para zarandearlo como a trigo (Lucas 22:31). Damos demasiado mérito al diablo. Jesús no solo tiene más poder, sino que también tiene toda la autoridad. Él puede imponerse sobre cualquier cosa que necesites: cualquier circunstancia, ya sea física, emocional o espiritual. Él es el Dios Poderoso, el Soberano divino, que está para ti.

Padre Eterno

El tercer nombre para Jesús, que encontramos en Isaías 9:6, es Padre Eterno. Probablemente, este nombre sea el que menos usemos para Jesús. La razón de esto es porque a menudo distinguimos entre Dios el Padre y Jesús el Hijo, mientras olvidamos que Jesús es la imagen misma del Padre (Hebreos 1:3). Es el reflejo de Dios hecho carne (Juan 10:30, 38). Y aunque Isaías no estaba afirmando que Jesús fuera la primera persona de la Trinidad, Dios el Padre (la iglesia primitiva denunció esto como la herejía del modalismo), estaba señalando una cualidad del carácter de Jesús que refleja al Padre. En este sentido, Jesús es paternal y nos ofrece los atributos de la paternidad.

Para ayudarte a ver esto más claramente, permíteme dar un ejemplo de mi propia vida. Como pastor y consejero, y también como predicador de radio, a menudo las personas me llaman "padre" sin ser mis hijos biológicos o adoptivos. Me llaman "padre espiritual" o, simplemente, "padre". De hecho, incluso hay personas mayores que yo, que a veces me llaman "padre". Ahora bien, no es que esté reemplazando a sus padres biológicos. De ninguna manera. Solo están usando un término que refleja con mayor precisión la naturaleza de nuestra relación. De alguna manera, sienten que los he engendrado.

Cuando Isaías llamó a Jesús por este nombre, quiso que viéramos que Jesús encarna más que solo atributos de redención, gobierno y justicia. Quería que reconociéramos que Jesús es un padre para nosotros de muchas maneras, ya sea al guiar, encaminar, impartir, alentar o proteger a quienes estamos bajo su cuidado.

Sin embargo, el nombre Padre eterno nos da más que solo una idea del cuidado paternal de Jesús. También es un recordatorio intencional de que Jesús vive fuera de los límites del tiempo como el creador del tiempo. Como el Alfa y la Omega, no conoce principio ni fin (Apocalipsis 1:8). O, como Isaías registró en otro pasaje: "Porque así dijo el Alto y Sublime, el que habita la eternidad, y cuyo nombre es el Santo" (Isaías 57:15). Dios habita la eternidad. Cada persona de la Trinidad vive fuera de los límites del tiempo. Como el segundo miembro de la Trinidad, Jesús se establece como supervisor de la historia y controlador del tiempo. Hebreos 1:10-12 dice que

Jesús existía antes del tiempo, en un mundo sin tiempo. Y aunque nosotros podemos vivir en una secuencia de A a Z y desde el nacimiento hasta la muerte, Jesús no. No está atado por nuestra realidad ni limitado por nuestra dimensión. Es eterno. Imperecedero. No tiene principio ni tendrá fin.

Reconozco que esta descripción de Jesús es una de las más difíciles de comprender porque solo conocemos la existencia del tiempo. Eclesiastés 3:1-8 señala que, en el mundo en que vivimos, hay un tiempo para todo, ya sea para reír, llorar, vivir o morir. Estamos contenidos en el tiempo. Incluso se podría decir que estamos atrapados en el tiempo. No hay forma de escapar de eso. Tú y yo estamos envejeciendo cada día. Nos estamos cubriendo de más canas cada año. ¿Por qué? Porque estamos en un universo cerrado con nuestras propias vidas supeditadas al paso del tiempo.

Sin embargo, Jesús vive fuera de los límites del tiempo. Gobierna el tiempo. Es soberano. Y como a menudo nos referimos a la madre naturaleza ficticia como controladora de las estaciones y los patrones climáticos, vemos en esta descripción que Jesús realmente es el Padre del tiempo. Es nuestro Padre Eterno.

Reconocerlo en esta posición puede ayudarte a descubrir cómo aprovechar al máximo tu tiempo. Cuando le permites gobernar tu tiempo, Él puede guiar tu tiempo, interceptarlo, conectarlo, organizarlo, usarlo y supervisarlo, y ayudarte a atravesarlo de tal manera que tengas todo lo que necesitas cuando lo necesitas.

Lo que Dios nos está revelando a través de este nombre profético anunciado hace miles de años es que, si permitimos que Jesús gobierne nuestro tiempo, Él puede darnos la información que necesitamos para usarlo de la mejor manera. Efesios 5:15-16 nos instruye acerca del tiempo: "Mirad, pues, con diligencia cómo andéis, no como necios sino como sabios, aprovechando bien el tiempo, porque los días son malos". Jesús es nuestro amoroso Padre Eterno que quiere vernos usar nuestro tiempo de tal manera que lo maximicemos para la gloria de Dios y el bien de los demás. Él, como cualquier padre sabio, desea que aprendas a aprovechar el tiempo de la mejor manera para experimentar la vida en toda su plenitud. Y Él sabe exactamente cómo guiarte, instruirte y motivarte para que lo logres.

Príncipe de Paz

Por último, Isaías quiere que sepamos que Jesús es nuestro Príncipe de Paz. La palabra hebrea para *paz* es *shalom*. Si fueras a Israel, oirías todo el tiempo "shalom" como una forma de saludo. Es una palabra cargada de significado, que contiene mucho más que nuestra comprensión contemporánea del término *paz*. El concepto del *shalom* es el de bienestar o estar bien ordenado. Entonces, cuando una persona judía te saluda y te dice "Shalom", no solo te expresa sus deseos de que seas feliz, sino de que tu vida esté en orden. En inglés, significaría "no más drama". Significa que la vida es perfecta.

Si tuviéramos que traducir este nombre según el contexto estadounidense moderno, podría leerse "Príncipe de no más drama". Jesús es el Príncipe de la calma. Él es el libertador del caos y la confusión.

Ahora bien, es verdad: la vida tiene sus dramas. Es así. Podemos esperar días malos. Son parte de una vida en una tierra caída con una humanidad caída. No obstante, la paz sería una mercancía exótica si tuviéramos que depender de nuestras circunstancias como nuestra única fuente de paz. Sin embargo, este nombre nos recuerda que tenemos una fuente muy superior. De hecho, Jesús es la única fuente verdadera. Lo expresó claramente cuando dijo: "Estas cosas os he hablado para que en mí tengáis paz. En el mundo tendréis aflicción; pero confiad, yo he vencido al mundo" (Juan 16:33). Jesús tiene el poder de invocar la paz incluso en medio de nuestras situaciones más aterradoras.

He estado en el Mar de Galilea en numerosas ocasiones. En un viaje, el guía dijo a nuestro grupo que la ubicación del Mar de Galilea en la hendidura del Jordán hace que las tempestades se desaten violentamente con poco o ningún aviso. Una tempestad como esa podría ser atemorizante, y la que encontraron los discípulos en la historia registrada en Marcos 4:35-41 tuvo lugar en la noche. Las nubes deben de haber ocultado cualquier luz de la luna. En la oscuridad de la noche, en medio del mar, la tormenta seguramente debió de haber tomado desprevenidos a los discípulos. La tormenta puso a prueba no solo su experiencia en navegación, sino también sus emociones. Al leer este pasaje, puedo sentir su temor. Puedo ver a Pedro empapado hasta los huesos, junto al resto de los discípulos, en medio de ese mar tempestuoso. No me sorprende que hayan despertado a Jesús para preguntarle: "Maestro, ¿no tienes cuidado que perecemos?" (v. 38). Probablemente, yo hubiera hecho lo mismo. De hecho, no me imagino a Pedro haciéndole esa pregunta en un tono de voz normal, sino a gritos:

"¡Maestro!, ¿no tienes cuidado que perecemos?".

Jesús respondió con calma al grito desesperado de los discípulos. Se levantó, reprendió a la tormenta y dijo al mar:

"Calla, enmudece" (v. 39). Dos breves órdenes, y la tormenta obedeció. La palabra griega traducida *calla* proviene de *siopé*, que literalmente significa "cálmate". En esencia, Jesús ordenó a la tormenta que se calmara. Que hiciera silencio. Que dejara de hacer berrinche. Al igual que un padre que corrige a un niño rebelde, Jesús ordenó al mar que se calmara.

Fue tan simple e inmediato como eso. Las Escrituras señalan que "se hizo grande bonanza" (v. 39). Llegó la paz.

Amigo, podrías estar rodeado y asediado por truenos y relámpagos. El viento podría estar soplando circunstancias inesperadas y bruscas en tu vida. Nada se ve bien. Nada parece prometedor. Todo es negro como la noche. Sin embargo, precisamente en esos momentos la paz de Jesús triunfa en la tormenta. Con una simple palabra de sus labios, Jesús invoca la paz en tu situación actual.

Seamos sinceros. La paz es difícil de conseguir para la mayoría de nosotros. Sin embargo, cuando conoces este nombre de Jesús de manera íntima, la paz es tuya.

¿Alguna vez has volado en avión en medio de una tormenta? Yo sí. La bebida de los vasos se derramó, los compartimentos superiores se abrieron de golpe y las personas gritaban a mi alrededor. Nunca he sido alguien que tuviera miedo de volar, pero, en momentos así, incluso los más fuertes de nosotros se abrochan el cinturón y prestan atención.

Se cuenta la historia de un vuelo que experimentó una turbulencia inusual, que lanzaba al avión de lado a lado en medio de fuertes ráfagas de viento. Las nubes se parecían más al carbón en medio de una danza de relámpagos. Un silencio misterioso se instaló sobre los pasajeros entre sus gemidos y gritos. Nadie se sentía seguro.

Excepto un pequeño niño. Allí estaba sentado, ocupado con su cuaderno y su bolígrafo, mientras dibujaba una imagen de sí mismo subido a un árbol un día soleado. Al observarlo, nadie hubiera adivinado que estaba en un avión en medio de una tormenta.

Una pasajera cercana, que lo vio, se preguntaba cómo podía estar tan tranquilo. Entonces, le preguntó:

—¿No tienes miedo?

El niño apenas levantó la vista de su cuaderno por un momento, sonrió y respondió:

—No.

—¿Por qué no? —insistió la señora mientras se agarraba de su asiento.

—Porque mi padre es el piloto —respondió con naturalidad el niño, y luego volvió a su dibujo.

Entiendo. Reconozco que a veces la vida parece estar fuera de control. Y es fácil sentir miedo. Sin embargo, saber que el Príncipe de Paz está sentado en la cabina debería de dar paz al corazón.

La palabra *paz* se usa mucho, pero a menudo no entendemos bien su verdadero significado. En un área devastada por la guerra, la paz representa algo más que una tregua que produce un cese temporal de hostilidades. Para una madre joven, podría representar esa hora cuando los niños pequeños toman su siesta.

La paz significa cosas diferentes para cada persona. Sin embargo, la paz que Jesús ofrece es como ninguna otra. Su paz produce calma interna en medio del caos externo. Experimentamos su paz cuando cambiamos nuestro temor a la tormenta por un temor sano y reverente a Él. Cuando desviamos nuestra mirada del mar y la ponemos en el Salvador, se produce la paz.

Pablo nos exhortó a responder a la paz de Dios de la misma manera que la tormenta respondió a Jesús esa noche en el Mar de Galilea. "Y la paz de Dios gobierne en vuestros corazones" (Colosenses 3:15). La palabra griega utilizada para *gobernar* significa "actuar de árbitro". Todos sabemos lo que hace un árbitro. Declara cómo son las cosas. Sea cual sea el resultado que él declare —una bola, un *strike*, una salida o una carrera— así es.

Del mismo modo, lo que el Príncipe de Paz declare sobre un asunto, así es. Está establecido porque es soberano en sus decisiones.

Amigo, tu mundo puede desmoronarse, pero no tienes que desmoronarte con él. No siempre puedes controlar lo que te sucede o las tormentas que puedes atravesar, pero puedes controlar cómo responderás. Responder a la presencia y el poder de Jesús en tu vida te permite desechar el temor y reemplazarlo por paz: su paz. Esto no significa que no tendrás problemas, sino que tus problemas no se apoderarán de ti.

Las relaciones pueden fallar. Los trabajos pueden cesar. La salud puede decaer. La economía podría seguir en recesión, pero Jesús dice: "Calla, enmudece". Puedes descansar cómodamente sobre tu almohada, porque el Príncipe de Paz te tiene en sus manos.[3] Dios quiere establecer un pacto de paz contigo (Ezequiel 34:25; 37:26).

Estoy seguro de que has visto a una orquesta afinar para

---

3. Partes del capítulo 1 y capítulo 6 han sido adaptadas de *Like No Other: The Life of Christ* de Tony Evans (© 2014), pp. 18-20, 29. Publicado por Lifeway Publishers. Usado con permiso.

un concierto en algún momento, ya sea en vivo, por televisión o Internet. En ese momento, suena caótico. Los instrumentos musicales emiten sus sonidos sin armonía ni razón; pero cuando el director se para en el escenario y levanta la batuta, su presencia lo cambia todo. Todos ahora están enfocados en él. Y lo que una vez fue caótico, de alguna manera se transforma en una partitura armoniosa.

Cuando le permitas a Jesús gobernar tu vida como el verdadero Soberano: Admirable Consejero, Dios poderoso, Padre Eterno y Príncipe de Paz, lo que alguna vez fue caótico en tu vida se someterá a Él. Se volverá armonioso cuando le permitas ser el gobernante y director de todo. Pronto descubrirás que toda tu vida se está poniendo en orden. Sin embargo, eso solo sucede cuando te alineas con Él. Estos beneficios, como lo muestran sus nombres, llegan a tu vida cuando estás en sintonía con Él, sigues su dirección y autoridad soberana. Hay paz donde Dios gobierna (Isaías 52:7).

En los nombres de Jesús encuentras consejo, poder, dirección y paz. En Él encuentras todo lo que necesitas. Por lo tanto, debes dar a Jesús el derecho soberano de gobernar cada aspecto de tu vida para que los beneficios de su gobierno sean algo más que una descripción teológica: una experiencia personal.

PARTE 2

PODER EN SU PERSONA

Y respondió Dios a Moisés:
YO SOY EL QUE SOY.

ÉXODO 3:14

Jesús les dijo: De cierto, de cierto os digo:
Antes que Abraham fuese, yo soy.

JUAN 8:58

7

YO SOY

Jesús es una *selfie* de Dios. La mayoría de nosotros sabemos qué es una *selfie* en nuestra cultura actual; pero, en caso de que no lo sepas, una *selfie* es la foto que uno se toma a sí mismo. La sola palabra lo dice todo (por su significado en inglés). Ahora bien, una *selfie* puede incluir a otras personas en la foto, pero tiene que incluir al que toma la foto. Si otra persona toma una foto de una persona, no se considera una *selfie*. ¿Por qué? Porque una *selfie* siempre refleja la imagen de la persona que toma la foto.

Jesús es la *selfie* de Dios en el sentido de que Él es la representación y manifestación exacta de Dios. No es solo un amigo. No es parte de un grupo que aparece en la foto. Jesús es la *selfie* de Dios.

Dios es invisible para nosotros en su esencia. Nuestro ser finito no puede comprenderlo ni verlo; el solo hecho de verlo nos pulverizaría. Sin Jesús no podemos conocer íntimamente el corazón de Dios, su persona o su carácter, porque Él es completamente distinto y está fuera de nuestra comprensión. Sin embargo, por el gran amor de Dios por nosotros, Él quería que le conociéramos. Quería que le viéramos. Por eso tuvo que venir a nosotros de una forma que pudiéramos entender. Tenía que ser tanto hombre como Dios simultáneamente, lo cual, aunque esto nos ha dado una idea más clara de quién es Dios, creó una brecha más grande para aquellos que no creerían.

En Juan 8:48-59 encontramos mi nombre favorito de Jesús: Yo Soy. Cuando Jesús anunció este nombre al mundo en ese momento de la historia, atrajo muchos a Dios, pero también alejó a muchos más. Este es un nombre que no se puede aceptar a medias. O Jesús es el Yo Soy o es un mentiroso. Podrías pensar que es duro usar esa palabra, pero Jesús mismo dijo que sería un mentiroso si decía no conocer al Padre (vv. 54-55).

El nombre Yo Soy surge en medio de una acalorada discusión. No mucho antes, Jesús había perdonado a la mujer adúltera y había alejado a varios hombres enojados, hipócritas y acusadores que intentaban apedrearla. Para ese entonces, ya se había ganado una reputación debido a los milagros de sanidad y expulsión de demonios. Jesús era alguien a tener en cuenta, pero no todos sabían cómo identificarlo. ¿Era un buen hombre que hacía cosas buenas? ¿Era del diablo y usaba poderes demoníacos? ¿Era… Dios?

Considera por un momento cómo debe haberse sentido Jesús durante esta acalorada discusión sobre la que leemos en Juan 8:48-59. Los judíos le rodearon y atosigaron con preguntas y acusaciones. Las palabras rápidamente se volvieron duras. Algunos le acusaron de tener un demonio. A lo que

Jesús respondió con una especie de soliloquio, una reflexión algo personal que también era en beneficio de los demás. Después de todo, Jesús estaba hablando a aquellos a quienes vino a redimir. Los pecados que llevaría en la cruz eran sus pecados. No solo eso, sino que la sangre que corría por sus venas era sangre que Él había creado. La piel que mantenía sus órganos en su lugar era piel que Él mantenía unida. El aire que respiraban era aire que Él había creado y que mantenía todos los días. Su ingenio había creado un lugar donde la humanidad podría vivir, producir alimentos y provocar una regeneración. Su fuerza mantenía a las estrellas a raya para que no cayeran demasiado cerca y destruyeran el planeta. Su energía infundía energía al sol. Daba vida a cada persona presente allí, a los mismos que asentían con la cabeza en que podía haber un demonio en Él.

Una cosa es que alguien que no te conoce te insulte. Quizás puedas identificarte. Si alguien que apenas conoces en las redes sociales o es un conocido casual se burla de ti, te ocasiona cierto nivel de dolor. Sin embargo, cuando las mismas personas a las que sustentas —ya sea a través del cuidado, el sostenimiento o de otra manera— te insultan, es difícil contener los sentimientos de profundo dolor.

Sin duda, las palabras de Jesús estaban sazonadas con un poco de condimento extra cuando reprendió a sus acusadores aquel día. Es sorprendente que no haya levantado la mano y que todos cayeran instantáneamente al suelo. ¿Cómo se atrevían a insinuar que quien les había dado la capacidad de hablar era menos que ellos, tan despreciable y perverso como un demonio?

Sin embargo, Jesús ejerció poder en su dominio propio.

Me hubiera encantado haber visto la mirada en sus ojos y escuchar el aliento prolongado que tomó al responder: "Yo no tengo demonio". Quizás en ese momento miró hacia abajo. O tal vez alzó su mirada al cielo. Quizás miró fijamente al alma de sus acusadores. Cualquiera que fuera el caso, imagino que pudo haber perforado el núcleo de la tierra con su mirada cuando continuó diciendo "antes honro a mi Padre; y vosotros me deshonráis" (Juan 8:49).

Jesús continuó el diálogo un poco más. Las acusaciones seguían llegando. Sus respuestas mostraban moderación junto con intencionalidad. Hasta que, finalmente, lo puso todo sobre la mesa. Los judíos a su alrededor se burlaron de Él y le dijeron: "Aún no tienes cincuenta años, ¿y has visto a Abraham?". Mas Él no se cohibió. Su respuesta lo reveló todo. Casi puedo escuchar su voz suave y paciente como un padre con un hijo que sencillamente no lo entenderá: "De cierto, de cierto os digo: Antes que Abraham fuese, yo soy" (vv. 57-58).

Sabía que esa declaración daría por finalizada la conversación. Y, de hecho, lo hizo. Los judíos levantaron piedras para matarlo, pero Él se escondió de ellos. ¿Por qué la gente recogería piedras para matar a alguien que había hecho tal declaración? Porque la palabra *soy* está en tiempo presente. Jesús no dijo: "Antes que Abraham fuese, yo era". No, les hizo saber que antes que Abraham fuese, Él *es*. Él existe en tiempo presente eterno, y solo un ser puede afirmar eso: Dios mismo.

Tal afirmación envió a los judíos a la ionosfera de la ira, porque, para ellos, eso era nada menos que una blasfemia. Como verás, cuando Jesús se identificó con el nombre Yo Soy llevó a sus oyentes a Éxodo 3. Ellos sabían exactamente lo que Él estaba diciendo porque la cultura judía de entonces requería una comprensión detallada de las Escrituras.

> Dijo Moisés a Dios: He aquí que llego yo a los hijos de Israel, y les digo: El Dios de vuestros padres me ha enviado a vosotros. Si ellos me preguntaren: ¿Cuál es su nombre?, ¿qué les responderé? Y respondió Dios a Moisés: YO SOY EL QUE SOY. Y dijo: Así dirás a los hijos de Israel: YO SOY me envió a vosotros (vv. 13-14).

Por lo tanto, la razón por la que las piedras volaron cuando Jesús declaró que Él era el Yo Soy es porque Él afirmó categóricamente que era Dios. Como el portavoz designado de la Trinidad (la Palabra de Dios), Jesús estaba declarando haber sido quien habló desde la zarza a Moisés en ese momento.

El nombre Yo Soy se llama *tetragrámaton*. Es una palabra teológica que simplemente significa "las cuatro letras". Yo Soy se compone de cuatro consonantes del idioma hebreo. Originalmente, el idioma hebreo se escribía en *abyad* (una forma de escritura compuesta por símbolos), lo que significa que no tenía vocales. Puesto que este nombre de Dios no tiene vocales, no se puede pronunciar exactamente como se escribe. Esto se debe a que no hay forma de pronunciar cuatro consonantes como una palabra. Para hablar de Dios, uno debe insertar vocales en el nombre YHWH. Esto se convierte en Yahvé en formato escrito.[4] Lo conocemos como Jehová en el

---

4. Algunos judíos reemplazaban la pronunciación del nombre por "Adonai" cuando hablaban en la sinagoga, ya que creían que "Yahweh" era demasiado sagrado para pronunciarlo. Esto todavía se practica en su mayoría hasta el día de hoy.

idioma castellano. En las Escrituras, este nombre a menudo se escribe SEÑOR en mayúsculas. El significado de este nombre es "el Dios relacional que guarda el pacto".

Ahora bien, toda esta disertación sobre nombres, traducción de nombres, pronunciación de nombres, hablar de nombres y escribir nombres puede ser confusa. No obstante, es fundamental que comprendamos esto de manera cabal, porque la identidad y el carácter están vinculados a los nombres, especialmente los nombres de Dios. Dios tiene muchos nombres diferentes en las Escrituras. Cada uno está destinado a describir un aspecto diferente de quién es Él y qué hace. Por ejemplo, el nombre atribuido a Él con respecto a la creación y la formación de todas las cosas es *Elohim*. Cuando leemos Adonai, tal nombre se refiere a Dios como "amo" y "señor". Y, cuando Dios decidió relacionarse con la humanidad en un contexto más personal, nos dio el nombre YHWH (*Yahweh* o Jehová). Tomó este nombre —el mismo nombre que Jesús presentó como propio (Yo Soy, YHWH)— cuando trató de explicar quién era Él en relación con la humanidad. No debería sorprendernos, entonces, que Jesús usara este nombre relacional para revelar quién era a quienes estaban con Él en ese momento. Al ver que dejó el cielo con el propósito directo de relacionarse con nosotros en la tierra, nos ofreció a todos, en este contexto, el único nombre que mejor lo describía.

Cuando desglosamos la composición del nombre Yo Soy, vemos más de cerca el corazón de Dios. Significa su carácter leal y fiel al pacto. La primera palabra en este nombre es *Yo*, y *Yo* es un pronombre personal. Esto nos indica que es la persona misma la que habla y, al llamarse a sí mismo con este nombre, Dios nos muestra que quiere relacionarse personalmente con nosotros. Dios no solo está interesado en ser el gran Señor allá arriba, sino que también quiere hablar con nosotros aquí, donde vivimos. En otras palabras, podemos comunicarnos personalmente con Él.

Este nombre no solo es personal, sino que también es indicativo del tiempo presente. *Soy* no está en tiempo pasado ("era"), ni en tiempo futuro ("será"). Lo que esto indica es que Dios no tiene pasado ni futuro. No tiene ayer ni mañana. Todo sobre Dios es *ahora*. Simplemente *es*.

Es difícil comprender o identificarnos con esta verdad, porque vivimos de manera lineal. Vamos del uno al diez. Vivimos así porque existimos en el tiempo y el espacio. Sin embargo, Dios vive fuera del tiempo y el espacio. Él *es*. Él siempre ha sido *es*. Y siempre será *es*. Sé que esto supera nuestra comprensión humana, pero Dios está más allá de la mente que nos dio para vivir y entender. Sin embargo, al tratar de comprender con profundidad este nombre, encontramos seguridad de algunas cosas.

Primero, nosotros podemos estar esperando cualquier cosa que Dios haya profetizado para el futuro, pero Él no. Él siempre está en tiempo presente. Por eso tú y yo podemos confiar en lo que Él dice, porque lo que Él declara que sucederá ya sucedió en su existencia. No espera que suceda. Él sabe que ya sucedió.

Segundo, este nombre nos da una idea de la totalidad de Dios. Cuando declaró quién era Él a Moisés, dijo: "YO SOY EL QUE SOY" (Éxodo 3:14). En esencia, usó a sí mismo para definirse. No necesitaba y no necesita a nadie más que lo defina. Esto tiene una connotación para nosotros hoy en que Él no es lo que queremos que sea. No es lo que le exigimos que sea. Él es quien es, el Dios que se define a sí mismo. Nuestra perspectiva sobre quién creemos que debería ser no importa en absoluto. Se cae en numerosos conceptos erróneos sobre Dios cuando la humanidad busca definirlo según sus propios términos.

Tercero, *Yo Soy* existe como un ser eterno, que no cambia de naturaleza. Hebreos 13:8 lo expresa de la siguiente manera: "Jesucristo es el mismo ayer, y hoy, y por los siglos". No podemos decir lo mismo de nosotros mismos. Ni siquiera insinuarlo. ¿Alguna vez has mirado fotos antiguas de ti mismo y te has preguntado qué pasó? ¿O has ido a una reunión de ex alumnos de la escuela secundaria y no has podido reconocer a quienes habían sido amigos años antes? ¿Por qué? Porque las personas cambian. Todos cambiamos. Raras veces somos iguales incluso un día después; pero Jesús no es así. Jesús está eternamente presente y es el mismo por la eternidad. Es inherente a la naturaleza de Dios ser quien es y no cambiar. Así como el agua es húmeda, el sol es caliente y el cielo es azul por su propia naturaleza, asimismo, la naturaleza y el ser esencial de Jesús permanecen inalterables para siempre.

Santiago 1:17 señala: "Toda buena dádiva y todo don perfecto desciende de lo alto, del Padre de las luces, en el cual no hay mudanza, ni sombra de variación". Él no cambia. Sí, la Biblia habla de que Él cambió de opinión o de metodología, pero nunca cambia su esencia. Sigue siendo la misma persona, incluso cuando cambia de metodología. Y gran parte del cambio de metodología depende de nosotros. Nuestros cambios y ajustes a Él a menudo afectan la forma en que Él se relaciona con nosotros, pero eso es porque ahora nos relacionamos con otro aspecto de quién es Él.

Tal vez ayude explicarlo de esta manera. El Sol no cambia. Es el planeta Tierra el que gira alrededor del Sol. La mitad de la Tierra está oscura en un momento dado, no porque el Sol cambie, sino porque la relación de la Tierra con el Sol cambia. Las estaciones cambian. Los patrones climáticos cambian; pero nada de eso sucede porque el Sol cambie. Todo sucede debido al movimiento de la Tierra y su proximidad al Sol. Es la Tierra la que se ha ajustado, no el Sol.

De manera similar, cuando nos ajustamos a Dios o nos acercamos a Él, puede parecer que Él ha cambiado porque los resultados de nuestra relación con Él cambian, pero Él no ha cambiado. Simplemente, estamos accediendo a un aspecto de Él diferente del que conocimos antes porque nos hemos movido. Por eso, el arrepentimiento es tan importante en tu experiencia con Dios. Arrepentimiento significa apartarse de lo que está causando distancia entre tú y Dios, y luego volver a lo que agrada a Dios. Esto te acerca más a Él, y experimentas varios aspectos de su carácter de diferentes maneras.

Cuando Jesús dijo "Yo soy", comunicó a los que lo rodeaban que Él es el Dios personal, presente, poderoso, inquebrantable y autosuficiente.

Y las piedras volaron.

Sin embargo, Jesús no se detuvo allí. De hecho, siete veces en el libro de Juan, Jesús se refiere a sí mismo como el Yo Soy. En cada referencia, describió un aspecto diferente de quién es Él y cómo se relaciona con nosotros:

- "Yo soy el pan de vida; el que a mí viene, nunca tendrá hambre; y el que en mí cree, no tendrá sed jamás" (6:35).

- "Yo soy la luz del mundo; el que me sigue, no andará en tinieblas, sino que tendrá la luz de la vida" (8:12).

- "De cierto, de cierto os digo: Yo soy la puerta de las ovejas" (10:7).

- "Yo soy el buen pastor; el buen pastor su vida da por las ovejas" (10:11, 14).

- "Yo soy la resurrección y la vida; el que cree en mí, aunque esté muerto, vivirá" (11:25).

- "Yo soy el camino, y la verdad, y la vida; nadie viene al Padre, sino por mí" (14:6).

- "Yo soy la vid verdadera, y mi Padre es el labrador... Yo soy la vid, vosotros los pámpanos; el que permanece en mí, y yo en él, éste lleva mucho fruto; porque separados de mí nada podéis hacer" (15:1, 5).

Analicemos cada una de estas referencias individualmente para conocer el poder de Jesús implícito en cada una de ellas para nuestras vidas.

Yo soy el pan de vida

Este nombre proviene del Antiguo Testamento, cuando los israelitas deambulaban por el desierto. Si conoces la historia, sabrás que, para calmar el hambre del pueblo, Dios envió pan del cielo. Estos "copos de cereal" de lo alto —pequeñas hojuelas que caían literalmente del cielo— se conocían como maná. Durante seis días de la semana, los israelitas podían comer hasta saciarse de maná. El sexto día, tenían que almacenar suficiente para comer el séptimo día, que era el día de reposo (ver Éxodo 16).

Cuando Jesús dijo que Él es el pan de vida, capaz de satisfacer tanto nuestra hambre como nuestra sed, estaba afirmando que Él es el cumplimiento de todo lo que necesitamos espiritualmente. Así como el cuerpo tiene hambre, también el alma tiene hambre. Cuando conoces a Jesús personalmente y permaneces por completo en Él, tu alma no tiene falta de nada.

¿Sabes lo que es tener pan caliente recién horneado cuando tienes hambre, y vas a buscar un poco de mantequilla y mermelada para untarlo? Es probable que comiences a babear un poco antes de darle un mordisco. Este pan te sacia por completo. La satisfacción está disponible para cada uno de nosotros cuando conocemos este nombre de Jesús. Él es sustento para nuestra alma, y también es nuestro deleite. Sin embargo, solo accedemos a esta experiencia cuando hacemos de Él nuestra vida, cuando le dedicamos toda nuestra devoción.

Muchos de los problemas que enfrentamos hoy ocurren porque nuestras almas se mueren de hambre mientras nuestros vientres están llenos. Nuestras almas están vacías mientras nuestras cuentas bancarias están llenas. Muchas derrotas, adicciones y crisis relacionales ocurren debido a un vacío en el alma. Por eso, demasiadas personas siguen siendo miserables a lo largo de su vida. Solo Jesús puede saciar realmente nuestra hambre y nuestra sed. No hay ningún lugar al que puedas ir, ni vacaciones que puedas tomar, ninguna persona con la que puedas hablar, que pueda llenar el vacío que solo Él puede llenar. Nuestros problemas surgen porque tenemos hambre o sed de todo menos de Jesús. Mateo 5:6 señala que hay solo una manera de estar satisfecho: "Bienaventurados los que tienen hambre y sed de justicia, porque ellos serán saciados".

Yo soy la luz del mundo

Jesús no solo te alimenta, sino que también te ilumina. Él nos dijo esto para que sepamos que, cuando lo seguimos, Él nos permite ver a dónde vamos. La prueba de que muchos de nosotros no conocemos este nombre de Jesús o aprovechamos su poder en nuestra vida es que es obvio que no sabemos a dónde vamos. Seguimos el camino equivocado y tomamos decisiones equivocadas. Sin embargo, Jesús dice que, cuando le conocemos íntimamente y permanecemos en Él, Él nos ilumina. Es luz en nuestro camino. Nos da sabiduría para nuestras decisiones.

Sin embargo, a menos que sigas a Jesús, caminarás en oscuridad. Vivirás espiritualmente ciego. Estar físicamente ciego es un gran obstáculo. La ceguera espiritual es aún más devastadora. La ceguera espiritual produce confusión y falta de claridad. La iluminación proporciona dirección, conexión y poder. Cuando accedes a la luz de Cristo, accedes a todo lo que necesitas para ver a dónde debes ir.

Yo soy la puerta de las ovejas

El "Yo Soy" permite la entrada. Todo pastor tiene una puerta. Esta es una puerta a través de la cual pueden entrar las ovejas. Juan 10:9 dice: "Yo soy la puerta; el que por mí entrare, será salvo; y entrará, y saldrá, y hallará pastos". Esta puerta nos permite entrar al cielo, pero también más que al cielo. Leemos en este versículo que podemos entrar y salir. Así pues, a través de Jesús descubrimos la libertad y los buenos pastos aquí en la tierra. Sin embargo, esto solo sucede cuando accedemos a Jesús como la puerta. No podemos rodear a Jesús para llegar a un lugar de buenos pastos. No podemos esquivar a Jesús para encontrar libertad. Si queremos llegar a un lugar de total satisfacción, debemos pasar por la puerta, a través de Jesús. Él es el Yo Soy que ofrece plenitud de vida.

El versículo 10 especifica algo más: "El ladrón no viene sino para hurtar y matar y destruir; yo he venido para que tengan vida, y para que la tengan en abundancia". Jesús vino y murió, luego resucitó, no para que tú y yo pudiéramos tener vida, sino para que pudiéramos tener vida en abundancia. Él desea que experimentemos plenitud de la vida.

Amigo, debes tener una vida plena. Y la forma de experimentar una vida plena es permanecer en este nombre de Jesús. Cuando comprendemos que Él no solo ilumina los caminos de la vida, sino que también nos da acceso a esos caminos como la puerta, comprendemos que Él es todo, y está sobre todo. Es la fuente central de toda satisfacción verdadera y duradera.

Yo soy el buen pastor

Un pastor no solo abre la puerta para que entren las ovejas, sino que también cuida a sus ovejas. Es responsable de ellas. Si algo les sucede, se culpa al pastor, no a las ovejas. Las ovejas dependen por completo de que el pastor las guíe a donde necesitan ir, y cuide de ellas.

Fíjate que las ovejas son algunos de los animales más tontos jamás creados. Son tan tontas que se siguen unas a otras incluso cuando solo están dando vueltas en círculos. No se las conoce por ser las criaturas más brillantes del campo. Por eso se nos compara con ellas en Isaías 53:6: "Todos nosotros nos descarriamos como ovejas, cada cual se apartó por su camino; mas Jehová cargó en él el pecado de todos nosotros".

Cuando Jesús es nuestro pastor, nos puede llevar a donde debemos ir. El Salmo 23 nos presenta otra imagen de esto.

> Jehová es mi pastor; nada me faltará.
> En lugares de delicados pastos me hará
>   descansar;
> Junto a aguas de reposo me pastoreará.
> Confortará mi alma;
> Me guiará por sendas de justicia por amor de su
>   nombre.
> Aunque ande en valle de sombra de muerte,
> No temeré mal alguno, porque tú estarás
>   conmigo;
> Tu vara y tu cayado me infundirán aliento.
> Aderezas mesa delante de mí en presencia de
>   mis angustiadores;
> Unges mi cabeza con aceite; mi copa está
>   rebosando.
> Ciertamente el bien y la misericordia me
>   seguirán todos los días de mi vida,
> Y en la casa de Jehová moraré por largos días.

El nombre que se traduce "Señor" en el Salmo 23 es el que hemos estado viendo en este capítulo: YHWH. Jesús es el ser relacional siempre presente que cuida de nosotros en cada área de la vida. Cuida de nuestras necesidades de dirección y nos guía por sendas de justicia. Cuida de nuestro bienestar espiritual y nos hace descansar en lugares de delicados pastos.

Cuida de nuestras necesidades emocionales y nos ayuda a no temer mal alguno cuando atravesamos el valle. También cuida de nuestras necesidades físicas y unge nuestra cabeza con aceite hasta que nuestra copa rebose. Y, además de todo eso, cuida de nuestras necesidades eternas y hace que el bien y la misericordia nos sigan todos los días de nuestra vida hasta que finalmente podamos morar en la casa del Señor por largos días.

Como el gran Yo Soy, Jesús cuida de ti de manera direccional, espiritual, emocional, física y eterna. Él es tu fuente para todo lo que necesitas. Y sabe exactamente lo que necesitas y cuándo lo necesitas.

Yo soy la resurrección y la vida

Jesús dijo estas palabras a una amiga destrozada frente a la muerte de su hermano Lázaro, cuando acababa de morir. Marta había perdido la esperanza. Había olvidado momentáneamente cómo creer. El dolor puede hacerte eso, ¿no es cierto? Puede cubrirte con nubes tan espesas que ya no reconoces dónde estás. Sin embargo, Jesús consoló a Marta en su momento de aflicción. Le recordó la grandiosa verdad de que Él es la resurrección y la vida (ver Juan 11:17-27).

Jesús recordó a Marta —y a todos nosotros— que, cuando se trata del dolor y la muerte, necesitas más que la teología sobre un estante. Le necesitas a Él. Así como cuando estás enfermo, no necesitas un libro de Medicina o un sitio web de investigaciones médicas, sino un médico que te dé medicamentos. Cuando tienes problemas, no necesitas un libro de leyes, necesitas un abogado. Necesitas la encarnación del libro.

Jesús vino para darnos vida, pero también vino como la

vida misma. Él es el poder de la resurrección, y es la vida. Cuando permitas que los problemas y las pruebas de la vida te lleven a Él, verás que su poder no solo te calma en medio del caos, sino que también resucita esas cosas de tu vida que creías, más allá de toda duda, que estaban muertas.

Yo soy el camino, y la verdad, y la vida

La mayoría de nosotros esperamos saber a dónde vamos en nuestra vida. Gastamos dinero en aplicaciones sofisticadas para ayudarnos a navegar por el laberinto de la vida como un profesional. Sin embargo, intenta visitar un país extranjero o un lugar donde se estén construyendo carreteras, y verás que no puedes depender de tus aplicaciones. Descubrirás rápidamente lo importante que es conocer el camino hacia dónde vas. Sin embargo, esto no solo tiene relevancia para la dirección hacia un destino físico, sino también para la dirección hacia donde te diriges en la vida: en tu carrera, familia, esperanzas y destino.

Ahora bien, en Juan 14:6, Jesús no dijo que Él conoce el camino, sino que Él *es* el camino. Tú y yo ya no tenemos que adivinar. Él es nuestro GPS, y la ubicación es Él. Cuando permanecemos en Él y nos alineamos bajo Él, Él nos lleva a donde debemos ir. Él abre esas puertas que nosotros ni siquiera podemos tocar. Elimina a las personas que intentaron eliminarnos primero. Supera los obstáculos que nuestras emociones podrían arrojar en nuestro camino. Despeja tramos del camino que parecen demasiado difíciles de transitar por nuestros propios medios. Él es el camino.

No solo eso, sino que también es la verdad. Ahora bien, no pases por alto eso. No dije que es *una* verdad. Jesús tampoco dijo que es *una* verdad. Sino más bien que Él es *la* verdad. Toda la verdad está fundada en Jesús. Y, a menos que tu verdad o la verdad de tus amigos, o la verdad de los medios de comunicación coincidan con su verdad, simplemente no es la verdad. Demasiadas personas creen una mentira, porque siguen una "verdad" que no es *la* verdad, Jesucristo.

Nadie puede decidir que 1 + 1 es igual a 11 solo porque quiere. Nunca será igual a 11, no importa cuántas personas quieran decir que sí. La verdad es la verdad. Es objetiva. Y está fundada en Jesucristo mismo. Si eliges vivir tu vida según algo que no sea la verdad de Jesús, enfrentarás las correspondientes consecuencias.

Existe una norma absoluta según la cual se mide todo lo demás. Hay una norma absoluta para la definición del comienzo de la vida. Hay una norma absoluta para la definición de matrimonio. Lo mismo para los problemas raciales. Lo mismo para ayudar a los pobres. Y así sucesivamente. Jesús es la norma, y Él ha hablado. Si no vives conforme a su camino y su verdad, no tendrás vida plena. La única forma de acceder a la vida que Él te dio al morir —vida abundante para vivir en esta tierra— es seguir su camino conforme a su verdad.

Yo soy la vid verdadera

Jesús es lo auténtico. Lo genuino. Cualquier otro y todo lo demás son sustitutos baratos. Sin embargo, para acceder a su poder, debes permanecer en Él. Puesto que Él es la vid que da vida al fruto, tu tarea es permanecer en Él. Cuando descansas en Él, Él hace su obra tanto en ti como a través de ti.

Hoy, con demasiada frecuencia, las personas viven para sí mismas. Todo lo que hacen tiene que ver con ellas. En el ámbito de la producción de fruta, eso se llamaría fruta podrida. Solo la fruta podrida se come sola. Jesús desea que permanezcas en Él, la vid verdadera, para que puedas dar fruto que beneficie a otros. Cuando lo reflejes, tal como el fruto refleja la vid de la cual crece, te convertirás en un conducto de la vida de Cristo hacia los que te rodean. Sin embargo, esto solo puede suceder si permaneces en Él. Esto solo puede ocurrir cuando dejas de lado tus esfuerzos, tus metas y tu propia fuerza y, en cambio, descansas en la verdadera vid, que te proporciona todo lo que necesitas para vivir tu destino.

Él es todo lo que necesitas

Amigo, cuando conozcas estas siete descripciones de Jesús, que se encuentran en el nombre Yo Soy, y profundices en Jesús, experimentarás la plena manifestación de su poder y su presencia tanto en ti como a través de ti. Cuando Dios reveló este nombre a Moisés en la zarza ardiente, también le reveló su llamado. Le mostró su propósito. Fue entonces cuando le dijo que fuera al faraón y le dijera que dejara ir a su pueblo. Dios dio a Moisés una razón para vivir, y esa razón era más grande que cualquier cosa que él podría haber hecho por sí mismo (ver Éxodo 3:10-22).

Cuando entres en la presencia de Jesús y te humilles bajo este grandioso nombre, descubrirás los planes que Él tiene para ti, planes que te dejarán boquiabierto. No solo eso, sino que también descubrirás —como lo hizo Moisés cuando arrojó su vara y la tomó nuevamente (Éxodo 4:1-5)— el poder que tiene para que tú puedas llevar a cabo esos planes.

El Salmo 9:10 dice: "En ti confiarán los que conocen tu nombre, por cuanto tú, oh Jehová, no desamparaste a los que te buscaron". Cuando conoces los nombres de Jesús, descubres en quién puedes basar tu verdad. Él no te abandonará cuando le busques con todo tu corazón y con toda tu mente. Hay poder en el nombre de Jesús. Juan 18:4-6 nos muestra una manifestación excepcional y tangible de este poder:

> Pero Jesús, sabiendo todas las cosas que le habían de sobrevenir, se adelantó y les dijo: ¿A quién buscáis? Le respondieron: A Jesús nazareno. Jesús les dijo: Yo soy. Y estaba también con ellos Judas, el que le entregaba. Cuando les dijo: Yo soy, retrocedieron, y cayeron a tierra.

Cuando Jesús dijo: "Yo soy", los soldados, literalmente, retrocedieron y cayeron al suelo.

No sé qué te persigue o qué situación te amenaza. No sé qué dificultad podrías estar enfrentando en este momento, pero sí sé que, cuando conoces al gran Yo Soy, todos esos obstáculos tienen que retroceder. Hay poder en el nombre de Jesús.

Una historia cuenta que el padre de una niña se acercó a ella un día y la alentó a abrir una cuenta bancaria con el dinero de la asignación que había estado recibiendo. Así que la niña estuvo de acuerdo y abrió una cuenta. Luego le dio la posibilidad de comprar cosas de su cuenta en línea mediante el uso de su tarjeta bancaria.

Un día, la niña se acercó a su papá llorando. Cuando él le preguntó por qué estaba mal, ella le respondió:

—Papi, papi, el banco está en quiebra. Escogiste un banco malo.

El padre pensó un minuto en lo que ella estaba diciendo. Luego le preguntó:

—¿Por qué crees que el banco está en quiebra?

—Porque traté de comprar otro juego en línea, pero dijo: "Error, fondos insuficientes" —respondió la niña.

Entonces el padre sonrió y aseguró a su hija que el banco no estaba en quiebra. El banco tenía dinero más que suficiente para pagar cualquier cosa y todo lo que ella quisiera comprar. El problema era que ella no había depositado suficiente dinero en su cuenta para cubrir la compra.

Amigo, si el relato de tu vida dice "alegría insuficiente", "paz insuficiente", "poder insuficiente", "orden insuficiente" y más, no es porque el banco celestial esté vacío, sino porque no estás depositando la honra, la adoración y el compromiso con Jesús que se requiere para acceder a todo lo que Él tiene reservado para ti. Después de todo, su nombre es Yo Soy. Y Yo Soy significa que Él es todo lo que necesitas. Él es sea lo que sea que te falte. Él es sea lo que sea que necesites. No obstante, debes conocerle más a fondo, buscarle con más pasión y alinearte bajo Él con más intencionalidad para acceder a los beneficios de cada uno de sus nombres.

*Si confesares con tu boca que Jesús es el
Señor, y creyeres en tu corazón que Dios
le levantó de los muertos, serás salvo.*

ROMANOS 10:9

*Para que en el nombre de Jesús se doble
toda rodilla de los que están en los cielos,
y en la tierra, y debajo de la tierra; y
toda lengua confiese que Jesucristo es el
Señor, para gloria de Dios Padre.*

FILIPENSES 2:10-11

8

SEÑOR

¿Alguna vez has estado mirando televisión por cable hasta que se apagó el canal y aparecieron las palabras "buscando señal" en la pantalla? Eso les sucede a muchos creyentes que no conocen el nombre de Jesús que veremos a continuación.

A menudo, las personas piensan que el nombre "Señor" es algo que se debe incluir en sus oraciones para que suenen más espirituales. O algo para agregar a una conversación para dar la impresión de tener un alto nivel de santidad. Sin embargo, este nombre conlleva mucho más que ilusiones semánticas. Conlleva autoridad.

Ahora bien, no estoy diciendo que a los creyentes se les haya impedido acceder a la autoridad que el sacrificio de Jesús nos confiere, sino que cuando no conocemos este nombre o cómo relacionarnos correctamente con él mientras estamos en la tierra, experimentamos una interrupción en la señal. Al enemigo se le ha permitido interferir de alguna manera en la comunicación y la alineación que tenemos con Jesús. Entonces, aunque tú o yo tengamos la mejor televisión 4K del mercado, todo lo que obtenemos son interferencias.

Para obtener acceso a lo que el nombre del Señor confiere, primero tenemos que entender la diferencia entre dos términos. Con demasiada frecuencia los confundimos y terminamos por perder las batallas espirituales que enfrentamos.

Dios ha otorgado a su Hijo la máxima autoridad sobre lo que sucede en la tierra. Ha puesto todas las cosas en sujeción a Él. Tal como leemos en Efesios: "Y sometió todas las cosas bajo sus pies, y lo dio por cabeza sobre todas las cosas a la iglesia, la cual es su cuerpo, la plenitud de Aquel que todo lo llena en todo" (1:22-23).

Una de las razones por las que a menudo no vivimos a la luz de esta verdad es porque confundimos los términos *poder* y *autoridad*. Satanás tiene poder. Domina el mundo en que vivimos e influye en la vida de las personas de innumerables maneras. Es tan poderoso ahora como siempre lo ha sido. Sus tácticas y destrucción son reales y dañinas. Sin embargo, lo que no tiene es la autoridad final. La autoridad es el derecho de usar el poder que posees.

Por ejemplo, los jugadores de fútbol generalmente son más grandes y fuertes —más poderosos— que los árbitros. Los árbitros son a menudo mayores en edad y más pequeños en estatura y con un peor estado físico que los jugadores. Los jugadores pueden derribar a alguien. A eso se le llama poder. Sin embargo, los árbitros pueden sacar a alguien de un juego. A eso se le llama autoridad.

Como verás, Satanás tiene poder, pero la única forma en que es libre de usar ese poder sobre ti es cuando no te alineas bajo Jesús como Señor. Satanás no tiene autoridad para usar su poder cuando tú actúas bajo la cobertura del pacto del Señor.

Por eso, Satanás se esforzará todo lo que pueda para alejarte del señorío de Jesucristo. Satanás sabe que, si puede sacarte de la cobertura del Señor, tiene vía libre para engañarte, hacerte caer y lastimarte a su antojo. Bajo la cobertura del señorío de Cristo estás protegido.

Dos reinos

Colosenses 1:13 dice que Dios "nos ha librado de la potestad de las tinieblas, y trasladado al reino de su amado Hijo". Dios nos rescató de la autoridad de las tinieblas y del reino equivocado. Al rescatarnos, nos trasladó a una vida bajo el gobierno de un nuevo Rey, el Señor Jesucristo. Como creyentes, antes pertenecíamos al reino y gobierno de Satanás antes de conocer el Señor, pero ahora somos parte de un nuevo reino donde Jesucristo es el Rey. Satanás, para gobernar las vidas e instituciones de los seguidores del reino, tiene que lograr que dejemos el dominio del reino del Señor y regresemos al suyo.

Gran parte de esto sucede a través de la división de lo secular y lo sagrado. Esto se hace cuando las personas asisten y participan en la iglesia bajo un reino, luego salen al mundo de lunes a sábado y funcionan bajo la influencia de otro reino. Hacemos estudios bíblicos en un reino y socializamos bajo la influencia de amigos impíos en otro reino. En esencia, experimentamos un intercambio de reinos y luego nos preguntamos por qué no tenemos la victoria en nuestra vida.

La respuesta es simple. Satanás gobierna la vida de las

personas que le ceden el poder, no por ninguna autoridad legítima que el diablo posea, sino simplemente porque no logran alinear sus pensamientos y decisiones bajo el Señor. Cuando abandonamos la unión con Cristo bajo su liderazgo como Señor para la cual fuimos creados, perdemos la autoridad. Cuando no damos al Señor su lugar apropiado en nuestro hogar, nuestra iglesia y nuestra vida —el lugar que Él se merece— perdemos su cobertura. Un seguidor del reino debe vivir toda su vida en reconocimiento del señorío de Jesucristo:

> Él es la imagen del Dios invisible, el primogénito de toda creación. Porque en él fueron creadas todas las cosas, las que hay en los cielos y las que hay en la tierra, visibles e invisibles; sean tronos, sean dominios, sean principados, sean potestades; todo fue creado por medio de él y para él. Y él es antes de todas las cosas, y todas las cosas en él subsisten; y él es la cabeza del cuerpo que es la iglesia, él que es el principio, el primogénito de entre los muertos, para que en todo tenga la preeminencia (Colosenses 1:15-18).

Con la resurrección y exaltación de Jesucristo, Él ha sido hecho cabeza sobre todo principado y potestad. Él es el que tiene la autoridad. Cuando una persona acepta a Jesús como el Salvador que se ha llevado sus pecados, se ha trasladado de reino. Entonces Jesús debe tener la preeminencia en su vida: debe tener el primer lugar en todas las cosas. Solo cuando reconocemos y nos sometemos al señorío de Cristo, el poder y la autoridad del reino de Dios se manifiestan en la tierra. Dios declara explícitamente que su propósito es poner toda la tierra bajo la autoridad de Jesucristo (Efesios 1:9-10).

El traslado de reino puede ilustrarse mejor con lo que sucede cuando una mujer soltera se casa. Cuando se casa, se traslada del reino de su padre al reino de su esposo. Ella ya no está bajo el liderazgo de su padre, sino bajo el de su esposo. La forma más segura de tener problemas en una familia es que una mujer casada acuda a su padre y deje fuera a su esposo en las decisiones de su vida. Cuando eso sucede, es inevitable que haya un conflicto de reinos.

Como hijos de Dios, hemos sido trasladados del reino de las tinieblas al reino de Jesucristo. Los problemas surgen cuando comenzamos a escuchar a nuestro antiguo amo, Satanás, que posee y dirige el reino de las tinieblas. Esto nos pone en conflicto directo con el reino de Dios.

El segundo capítulo de Colosenses hace un detalle revelador sobre la naturaleza explosiva y poderosa de nuestra unión con Cristo cuando estamos debidamente alineados bajo el gobierno de su reino:

> No permitan que nadie los atrape con filosofías huecas y disparates elocuentes, que nacen del pensamiento humano y de los poderes espirituales de este mundo y no de Cristo. Pues en Cristo habita toda la plenitud de Dios en un cuerpo humano. De modo que ustedes también están completos mediante la unión con Cristo, *quien es la cabeza de todo gobernante y toda autoridad*. Cuando ustedes llegaron a Cristo, fueron "circuncidados", pero no mediante un procedimiento corporal.

> Cristo llevó a cabo una circuncisión espiritual, es decir, les quitó la naturaleza pecaminosa. Pues ustedes fueron sepultados con Cristo cuando se bautizaron. Y con él también fueron resucitados para vivir una vida nueva, debido a que confiaron en el gran poder de Dios, quien levantó a Cristo de los muertos (vv. 8-12, NTV).

De la misma manera, leemos en Efesios que "aun estando nosotros muertos en pecados, nos dio vida juntamente con Cristo (por gracia sois salvos), y juntamente con él nos resucitó, y asimismo nos hizo sentar en los lugares celestiales con Cristo Jesús" (2:5-6).

Si crees en Jesucristo, cuando Él murió, tú moriste con Él. Cuando Cristo resucitó, tú resucitaste con Él. Cuando Cristo se sentó a la diestra del Padre, tú te sentaste con Él. En otras palabras, fuiste creado para funcionar de acuerdo y conjuntamente con Jesús.

Para que puedas acceder legítimamente a tu autoridad soberana sobre todas las cosas, tú y tu vida deben estar alineados bajo su liderazgo como Señor. Esto incluye tus pensamientos, tus decisiones, tus palabras y tu perspectiva. Al alinearte apropiadamente bajo Él y su Palabra, su autoridad se manifiesta en tu propia vida a medida que buscas extender su reino en la tierra.

Podemos ir a todos los servicios de la iglesia que queramos, leer todos los libros espirituales que queramos y "declarar y reclamar" lo que queramos, pero, hasta que no nos coloquemos bajo el gobierno integral de Dios en cada área de nuestra vida y nos pongamos en línea bajo el señorío de Jesucristo, no nos daremos cuenta del gobierno y la autoridad

que Él ha destinado para nosotros y no los aprovecharemos
al máximo.

Dios ha designado a un regente, Jesús, que ha sido exaltado
sobre todas las cosas, para gobernar sobre la tierra. Creer en
Dios no es suficiente para acceder a la autoridad que viene por
medio de Cristo. Invocar sus nombres tampoco es suficiente.
Es la relación que tenemos con los nombres de Cristo lo que
determina lo que sucede en la tierra, porque ha sido colocado
por encima de todo gobierno y autoridad y, en virtud de quién
es, exige el primer lugar.

Puesto que Jesús está sentado a la diestra de Dios (el "lado
del poder"), sus seguidores están sentados allí juntamente con
Él (Efesios 2:6). Tal vez quieras preguntar: "Pero Tony, ¿cómo
puede alguien estar en dos lugares al mismo tiempo?". Es sencillo, lo hacemos siempre a través de la tecnología. Puedo estar
físicamente en Dallas, pero también puedo estar en Chicago
a través de Skype. Puedo estar sentado en mi casa y participar
en una reunión de la junta directiva en Atlanta. A través de
la tecnología humana, podemos estar en dos lugares a la vez.

Ahora bien, si el hombre puede producir una tecnología
que nos coloca en dos lugares al mismo tiempo, ¿no crees que
el Creador del universo puede hacer lo mismo? Estás físicamente en la tierra, pero deberías estar funcionando desde tu
posición en el cielo. Estás sentado con Cristo en los lugares
celestiales. El enemigo intenta hacer que pienses y funciones
desde una perspectiva terrenal.

Si Satanás puede hacer que pienses que estás confinado
a las reglas de su reino en lugar de acceder a la autoridad
de Jesucristo en los lugares celestiales, puede mantenerte en
derrota perpetua y destruir tu vida. La única autoridad final

es la del Señor Jesucristo. Esto significa que debes funcionar desde una perspectiva divina y no humana.[5]

Accede a la autoridad del Señor

Entonces, ¿cómo accedemos a esta autoridad que se sintetiza en cómo nos relacionamos con el Señor? Veamos un pasaje que Pablo escribió para revelar nuestra relación apropiada con este nombre y cómo activar su autoridad en nuestra vida.

La expresión más completa de este nombre a menudo se manifiesta como Señor Jesucristo. Jesús es su nombre humano. Cristo es su oficio. Señor es su título. Romanos 10:8-13 se centra en su título, lo que ha confundido a muchas personas:

> Mas ¿qué dice? Cerca de ti está la palabra, en tu boca y en tu corazón. Esta es la palabra de fe que predicamos: que si confesares con tu boca que Jesús es el Señor, y creyeres en tu corazón que Dios le levantó de los muertos, serás salvo. Porque con el corazón se cree para justicia, pero con la boca se confiesa para salvación. Pues la Escritura dice: Todo aquel que en él creyere, no será avergonzado. Porque no hay diferencia entre judío y griego, pues el mismo que es Señor de todos, es rico para con todos los que le invocan; porque todo aquel que invocare el nombre del Señor, será salvo.

---

5. Partes del capítulo 8 han sido extraídas de *The Kingdom Agenda: Life Under God* por Tony Evans (© 2013). Publicado por Moody Publishers. Usado con permiso. Publicado en español por Editorial Vida con el título *La agenda del Reino*.

Comencemos por reconocer que este pasaje menciona dos cosas que debe hacer una persona para ser salva. La persona debe confesar con su boca y también creer en su corazón. Entonces, de acuerdo con estos versículos, parece haber un doble requisito para la salvación.

Ahora bien, un doble requisito para la salvación contradice por completo otros pasajes de las Escrituras, que solo mencionan un requisito para ser salvos. Por ejemplo:

- *Juan 3:16*: "Porque de tal manera amó Dios al mundo, que ha dado a su Hijo unigénito, para que todo aquel que en él cree, no se pierda, mas tenga vida eterna".

- *Hechos 16:31*: "Cree en el Señor Jesucristo, y serás salvo, tú y tu casa".

Estos son solo dos ejemplos. Una y otra vez las Escrituras señalan que, para ser salvo, se debe depositar la fe solo en Cristo para el perdón de los pecados y el don de la vida eterna.

Sin embargo, en el pasaje de Romanos se mencionan dos cosas: creer y confesar. Eso nos lleva a una pregunta muy importante: ¿qué pasaje está en lo cierto? ¿Debe una persona hacer una cosa para ser salva… o dos? ¿Qué pasaría si una persona creyera en Cristo y depositara su fe en Él, pero luego sufriera un ataque cardíaco antes de confesar públicamente al Señor? ¿Sería salva?

La respuesta a esa pregunta es simple si analizamos el idioma original del pasaje de Romanos. La confusión se encuentra en la palabra *salvo*. Para empezar, la salvación tiene tres tiempos verbales:

- salvación en el pasado del castigo del pecado

- salvación en el futuro de la presencia misma del pecado

- salvación en el presente del poder del pecado

Aunque los tres tiempos verbales varían mucho en cómo se aplican a la vida de una persona, cuando este término se interpreta del griego al castellano, simplemente se traduce *salvo*. Muchas personas no se dan cuenta de que la misma palabra puede tener tres tiempos y significados diferentes. Sin embargo, para comprender acertadamente un pasaje de las Escrituras, se le debe conferir la definición correcta. Entonces, cuando analizamos Romanos 10:8-13, primero tenemos que determinar qué tiempo de la palabra *salvo* se está usando. ¿Estaba Pablo escribiendo acerca de ser salvo de la condena del pecado al aceptar a Jesús como nuestro sustituto personal? ¿Estaba Pablo hablando de la salvación en el cielo, donde el pecado ya no tendrá arte ni parte? ¿O se refería Pablo a la salvación en el presente, cuando la carne y el diablo intentan afectar y corromper nuestra vida?

Determinar a qué versión de *salvo* se refiere Pablo nos ayuda a comprender el significado de este pasaje. De hecho, Pablo mismo nos ayuda cuando dice en el versículo 10: "Porque con el corazón se cree para justicia, pero con la boca se confiesa para salvación". Según este versículo, una persona es hecha justa por el solo hecho de creer.

Por lo tanto, cuando Pablo habla de ser salvo en este pasaje, no está hablando de ir al cielo. De hecho, la audiencia a la que estaba escribiendo ya eran creyentes y seguidores. Más bien, en este pasaje, Pablo está hablando de traer el cielo a nuestra vida diaria. Está hablando de cómo nosotros, como creyentes, podemos acceder a la salvación o liberación del mundo, la carne y el diablo que necesitamos cada día.

Usemos el béisbol como un ejemplo de estas diferencias de significado. En béisbol, a un lanzador se le acredita un juego "salvado" cuando ingresa a un juego con una ventaja de no más de tres carreras, y lanza durante al menos una entrada. Hay otras condiciones que deben cumplirse y otras maneras de obtener un salvado, pero esa es la más común.

Ahora bien, un jugador puede declararse "a salvo" cuando alcanza una base antes que otro jugador le toque con la pelota o, dependiendo de la base y de la cantidad de corredores que hay, que alguien con la pelota toque la base.

Otra forma en que un jugador puede "salvar" una jugada es cuando otro jugador comete un error y el primero consigue reparar las consecuencias del error y terminar la jugada.

Hay varias formas de aplicar los términos *salvado, salvar* o *salvo* en el béisbol. Sin embargo, si estás tratando de entender este juego sin estar familiarizado con el idioma o la cultura inglesa, es posible que te confundas y trates de aplicar los diferentes significados a las situaciones incorrectas.

Este es uno de los problemas que encontramos cuando intentamos hacer una interpretación básica y superficial de las Escrituras. Una lectura a la ligera de Romanos 10:8-13 puede confundir rápidamente nuestros pensamientos sobre cómo una persona va al cielo. Sin embargo, Pablo no está hablando de ir al cielo aquí, en absoluto. El término original en el contexto original de lo que Pablo escribió se refiere más bien a la tercera definición dada en la ilustración del béisbol.

Se trata de cómo salir de una situación difícil o cómo ser rescatado y librado de una situación que estás experimentando actualmente. Esto es muy diferente a obtener acceso al cielo.

En este pasaje, Pablo no está hablando de la salvación del pasado o del castigo del pecado, ni siquiera de la salvación en el futuro de la presencia del pecado. Está hablando de la salvación en el presente del poder del pecado y las circunstancias que resultan de este.

Por lo tanto, si deseas encontrar liberación y salvación en la vida cotidiana y entender cómo ser un vencedor, deberás hacer más que depositar tu fe en Cristo. Las Escrituras demandan que conozcas el nombre Señor y lo confieses (declararlo públicamente, dar testimonio de él e identificarte con él).

La palabra *Señor* proviene de la palabra griega *kurios*, como se usa en la Septuaginta. La Septuaginta es la traducción griega del Antiguo Testamento. En el original hebreo, *kurios* es la palabra *Yahweh*. Por lo tanto, cuando se atribuye este título a Jesús, es una referencia a su deidad. Cuando tú usas el nombre Señor para referirte a Jesús, lo reconoces como gobernante supremo.

Cuando Tomás dudó de la resurrección de Jesús, pero Él le dio una prueba visible de su resurrección en la carne, proclamó: "¡Señor mío, y Dios mío!" (Juan 20:28). Señor es un nombre que forma parte de todo lo que hacemos en la vida. Como dice Colosenses 3:17: "Y todo lo que hacéis, sea de palabra o de hecho, hacedlo todo en el nombre del Señor Jesús, dando gracias a Dios Padre por medio de él". Amigo, debes declarar con tu vida y tus labios que estás bajo el gobierno del Señor Jesús. Él está sobre todo. El bautismo sirve como introducción a tu proclamación pública. Es el comienzo de una vida de confesión de Jesús como Señor.

¿Alguna vez has visto a alguien casado que no quiera usar su anillo de bodas? Aunque están legalmente casados, no quieren que nadie más lo sepa. Eso te dará una buena idea de la calidad de ese matrimonio. Si bien podemos encogernos de hombros ante la idea de que alguien le haga eso a su cónyuge, Dios tiene muchos miembros de su familia que no usan su anillo al confesar que Jesús es el Señor. Claro, pueden hablar de Él en privado o especialmente en sus oraciones, pero les resulta difícil hacer un reconocimiento público, aunque sea ocasional.

Hay muchas razones por las cuales las personas evitan confesar a Jesús como Señor públicamente. Una de ellas la encontramos en Juan 12: 42-43:

> Con todo eso, aun de los gobernantes, muchos creyeron en él; pero a causa de los fariseos no lo confesaban, para no ser expulsados de la sinagoga. Porque amaban más la gloria de los hombres que la gloria de Dios.

Aunque estas personas creían en Jesús como Señor, temían las consecuencias de confesarlo. Estos versículos mencionan dos posibles consecuencias. Primero, la consecuencia tangible de que los expulsaran de su lugar de estudio y culto. Segundo, la consecuencia intangible de la desaprobación de otras personas. En nuestra cultura actual, muy pocos de nosotros (si es que hubiera alguno) enfrentamos consecuencias tangibles de confesar a Jesús como Señor. La mayoría de aquellos que no confiesan regularmente a Jesús como Señor, deciden no hacerlo por temor a la segunda consecuencia señalada en este pasaje: la desaprobación de las personas. Sin embargo, el hecho de no confesar a Jesús como Señor impide pública- mente nuestra capacidad de ser librados (salvos) de nuestras situaciones de la vida cotidiana. No podemos omitir al Señor Jesús y llamar la atención de Dios. Juan 5:23 señala: "Para que todos honren al Hijo como honran al Padre. El que no honra al Hijo, no honra al Padre que le envió".

El tema de la honra y la confesión tiene que ver con una asociación e identificación pública con el Señor Jesucristo. Confesión significa que, si fueras acusado de ser un seguidor de Jesús, habría suficientes pruebas para condenarte. No te hallarían inocente de todos los cargos.

La mayoría de los cristianos no son conscientes de cuán gravemente afecta esto sus vidas. Si lo fueran, veríamos y es- cucharíamos a muchas más personas confesar públicamente a Jesús como Señor. Sin embargo, Mateo 10:33 no podría ser más claro: "Y a cualquiera que me niegue delante de los hom- bres, yo también le negaré delante de mi Padre que está en los cielos". Es bastante sencillo. Niega a Jesús públicamente, y Él hará lo mismo contigo cuando busques la intervención celestial de Dios en oración. Sin embargo, el versículo anterior menciona cómo podemos abrir ese fluir de favor y ayuda: "A cualquiera, pues, que me confiese delante de los hombres, yo también le confesaré delante de mi Padre que está en los cielos" (v. 32).

Estos dos versículos son tan decisivos para entender cómo vivir una vida cristiana victoriosa, que sería sabio escribirlos en una placa y llevar esta placa alrededor de nuestro cuello como recordatorio. Esta *es* la clave. Apocalipsis 12:11 señala: "Y ellos le han vencido por medio de la sangre del Cordero y de la palabra del testimonio de ellos". La palabra de su testimonio le dio acceso al poder que la sangre del Cordero les concedía.

Amigo, si te da vergüenza hacer una asociación pública con Jesús como Señor, estás saboteando tu propio camino espiritual hacia vivir tu destino. Una de las razones por las que hoy tenemos tan poca liberación entre el cuerpo de creyentes es porque hay muy poca confesión pública de Jesús como Señor, acompañada de una sumisión a su autoridad, que es lo que implica confesar a alguien como Señor. Claro, muchas cruces cuelgan de nuestro cuello, en las paredes de nuestra casa o en nuestra iglesia, pero Jesús como Señor de nuestra vida significa más que eso. Significa que Él gobierna. Él decide. Su perspectiva es la que rige nuestra vida. Lo que Él dice y hace debería afectar todo lo que decimos y hacemos. No hay un área de tu vida en la que Él no pueda hablar y no deba hablar. No hay un área de tus finanzas, tus relaciones, tu actitud, tu trabajo o cualquier otra cosa sobre la que Él no tenga preeminencia.

Jesús no es un adorno. No es un logo o un ícono. No es una marca. Es el Señor. Soberano. Maestro. Rey. Todo está bajo su autoridad (Efesios 1:22, NTV). Hasta que esta cuestión del señorío se resuelva públicamente en y a través de ti, la ayuda del cielo seguirá estando muy lejos. Su divina presencia, intervención, transformación, liberación, sanidad y guía te eludirán simplemente porque no cumples con esta área de confesión.

Para demasiados cristianos, Jesús es solo prominente, no preeminente. Es solo popular, no primordial. Solo le prestan atención cuando asisten a la iglesia, dan las gracias antes de comer, leen un versículo bíblico por la mañana o agregan algunas decoraciones sobre su estante. Sin embargo, cuando se trata de elegir entre Jesús (lo que Él dice, hacia dónde los guía, lo que les demanda) y sus otros afectos en la vida (personal, emocional, físicos, amistades, medios de comunicación, etc.), por lo general, Jesús pierde.

Sin embargo, al final, tú pierdes.

Pierdes porque Jesús *es* tu acceso a todo lo que necesitas para vivir de acuerdo con la máxima expresión y poder que puedes tener.

Invoca al Señor

Como hemos visto a lo largo de este libro y los diversos pasajes que hemos estudiado juntos, no hay nada fuera de Jesús nuestro Señor. Recuerda Colosenses 1:15-18, que dice:

> Él es la imagen del Dios invisible, el primogénito de toda creación. Porque en él fueron creadas todas las cosas, las que hay en los cielos y las que hay en la tierra, visibles e invisibles; sean tronos, sean dominios, sean principados, sean potestades; todo fue creado por medio de él y para él. Y él es antes de todas las cosas, y todas las cosas en él subsisten; y él es la cabeza del cuerpo que es la iglesia, él que es el principio, el primogénito de entre los muertos, para que en todo tenga la preeminencia.

No existe ningún tema, educación, negocios, logros, ministerio, hogar o cualquier otra cosa en manos de un cristiano del que Jesús deba excluirse. Él es el todo en todo. Sin embargo, cuando las cosas van bien, tenemos la tendencia a olvidarnos de eso. Tenemos la tendencia a creer en nuestra propia suerte. Hasta que las cosas comienzan a ir mal. Cuando ese negocio, esa relación, tu salud o tu hogar comienza a derrumbarse, invocamos inmediatamente al Señor. ¿No es cierto?

Lo que Jesús quiere saber cuando invocas su nombre en momentos de necesidad es si lo confesaste o no públicamente cuando te iba bien. Como todo está unido a Él, tu confesión se muestra en lo que dices, las decisiones que tomas, la razón por las que las haces, lo que piensas, lo que persigues y más. Todo debe alinearse bajo Jesús tu Señor y fundarse en Él. Y, aunque nunca llevarás a cabo esta parte de la vida cristiana a la perfección —después de todo, eres humano y propenso a los caprichos del egoísmo—, debes tratar de hacerlo cada vez mejor. Debes estar determinado a crecer en el conocimiento del señorío de Jesucristo. Debes vivir toda la vida en reconocimiento del señorío de Jesús (Romanos 14:8-9).

Filipenses 2 dice que todos llegaremos a ese día cuando confesaremos a Jesús como Señor. Si lo haces ahora o no, depende de ti, pero todos lo *harán*:

> Por lo cual Dios también le exaltó hasta lo sumo, y le dio un nombre que es sobre todo nombre, para que en el nombre de Jesús se doble toda rodilla de los que están en los cielos, y en la tierra, y debajo de la tierra; y toda lengua confiese que Jesucristo es el Señor, para gloria de Dios Padre (vv. 9-11).

Dios no solo quiere que confieses a Jesús. No solo quiere que confieses a Jesucristo. Él quiere que confieses a Jesús como

Señor. ¿Por qué? Porque le trae gloria. Cuando reconoces el señorío de Jesucristo, que Él está por encima de todo, traes gloria a Dios. Sin embargo, negar el señorío, el gobierno y el dominio de Jesús es deshonrar a Dios. Es erigir un obstáculo entre tú y las respuestas a tus oraciones por la intervención, liberación y salvación del cielo en la tierra. La identificación pública y el sometimiento al señorío de Jesucristo otorga al creyente el derecho legal de invocar el nombre del Señor para recibir ayuda y liberación divinas (es decir, para ser salvo; Romanos 5:9-10; 10:9, 13). Invocar el nombre del Señor es una acción y un privilegio específicamente cristiano (1 Corintios 1:2; 2 Timoteo 2:22; Hechos 7:59).

Amigo, Jesús está por encima de todo. Él está sobre ti. Él está sobre mí. En la medida en que busquemos dar a conocer esta realidad a un mundo perdido y agonizante, experimentaremos la plena manifestación de su poder en nuestra vida diaria.

Se cuenta la historia de un niño indígena, que estaba a punto de ser atacado por un león. El león saltó sobre el niño y puso sus garras sobre él. Sin embargo, había un hombre en el área que había aprendido a vencer al león. Rápidamente, agarró un alambre y saltó sobre la espalda del león. Cuando el hombre rodeó la garganta del león con el alambre, la atención del león pasó del niño al dolor que estaba sintiendo. El niño rápidamente salió corriendo mientras el hombre luchó con el león el tiempo suficiente para poder escapar también.

Unas semanas después, el hombre que había salvado la vida del niño escuchó algunos rumores que venían desde el exterior de su casa. Cuando miró hacia afuera, vio al niño caminando hacia su puerta con una gran cantidad de pertenencias. Detrás del niño marchaban otras personas que llevaban más de sus pertenencias para ayudarlo. El hombre preguntó al niño qué estaba haciendo. El niño respondió con calma: "Me salvaste la vida. Y, en mi tribu, cuando alguien te salva la vida, es dueño de ti. Estoy a tu servicio por el resto de mi vida".

Esta es una historia ficticia, pero nos muestra una ilustración con la que nos podemos identificar. Después de todo, sin que Jesús ejerza autoridad sobre todo gobierno y todo poder como Señor, no tendríamos la oportunidad de pasar de muerte a vida y a la eternidad. Si eres un creyente nacido de nuevo, Jesús te ha salvado la vida. Sin embargo, no solo te ha salvado para la eternidad, sino que también ofrece salvarte la vida cada vez que invoques su nombre cuando confiesas públicamente su señorío sobre ti.

Al conocer esta verdad, no debería ser un problema dar a Jesús tu vida y tu servicio voluntariamente por el resto del tiempo que vivas en la tierra. Si alguien tiene un problema con eso o te hace sentir incómodo por tu confesión pública de Jesús como Señor, solo recuerda que nadie más murió para librarte de una sentencia de muerte eterna segura. Nadie te dio acceso al cielo. El Señor Jesucristo lo hizo. Y es ese mismo poder el que puede traer la intervención del cielo a tu vida en la tierra. Comprométete a partir de este momento a tratar de confesar públicamente el nombre de Jesús como Señor en todo lo que pienses, hagas, digas y decidas. Luego observa cómo el cielo derramará su poder infinito sobre ti.

*Y dará a luz un hijo, y llamarás su
nombre JESÚS, porque él salvará
a su pueblo de sus pecados.*

MATEO 1:21

*Y esto erais algunos; mas ya habéis sido
lavados, ya habéis sido santificados, ya habéis
sido justificados en el nombre del Señor
Jesús, y por el Espíritu de nuestro Dios.*

1 CORINTIOS 6:11

9

JESÚS

Juan, Santiago, Roberto, Miguel. Estos son algunos de los nombres de varón más comunes entre nosotros. Probablemente hayas conocido a alguien con uno de estos nombres, sino a todos. Por alguna razón, los padres suelen poner estos nombres a sus hijos. Puede que se deba a su significado. Puede que tenga que ver con los nombres de parientes o antepasados. Cualquiera que sea el caso, estos nombres tienden a usarse con más frecuencia que la mayoría.

Así como el nombre Jesús.

Cuando Jesús nació hace más de 2000 años, Jesús era un nombre común. En el momento de su nacimiento, era un nombre que evocaba poca reflexión o potestad. Tiene un significado muy profundo, pero es muy probable que rara vez se pensara en ese significado cuando elegían este nombre para los hijos. Excepto en el caso de Jesús, nuestro Cristo.

Jesús no fue un nombre que eligieron sus padres. Este nombre no lo eligieron su madre o su padre humanos.

Descubrimos en el relato de las Escrituras sobre su nacimiento, que el cielo envió un mensaje a José a través de un ángel que le dijo cómo debía llamar a su hijo. Jesús no era el hijo biológico de José, pero era el niño que José ayudaría a criar. Así pues, su padre terrenal recibió un mensaje de su verdadero Padre celestial. Dios instruyó a José que llamara Jesús a su hijo (ver Mateo 1:18-25).

Este nombre común crecería hasta convertirse en su famoso nombre. Jesús significa "Salvador", "Rescatador" y "Libertador". El nombre del Antiguo Testamento para Jesús era Josué.

Si recuerdas, Josué fue el hombre que condujo a los israelitas a la tierra prometida. Era un hombre aguerrido y lleno de fe. Lideró a los israelitas de tal manera que venció a los enemigos en la tierra. El nombre Josué (y su correspondiente nombre griego, Jesús) hace referencia a una persona que lidera el camino hacia un lugar de bendición, una persona que libera a las personas de sus enemigos.

Por lo tanto, Dios eligió un nombre para su Hijo unigénito que significa "Salvador". La identidad principal reflejada en el nombre de Jesús es la de alguien que vino a liberar a las personas de algo sobre lo que necesitaban victoria. Jesús vino a rescatarnos a cada uno de nosotros. Mateo 1:21 lo expresa claramente: "Y dará a luz un hijo, y llamarás su nombre JESÚS, porque él salvará a su pueblo de sus pecados". La palabra *salvará* aquí también puede traducirse *rescatará*.

La misión principal de Jesús

Primero y principal, Jesús vino a rescatarnos de nuestros pecados.

Cuando era guardavidas e instructor de seguridad en el agua, mi función principal era rescatar a las personas de ahogarse. Claro, tenía otras funciones, como enseñar a las personas a nadar, dar asesoramiento sobre cómo nadar mejor y brindar un sistema de apoyo para las personas que iban a la piscina. Sin embargo, todo eso era secundario a mi objetivo principal: salvar vidas en caso de que alguien corriera el riesgo de ahogarse. Si no hubiera podido cumplir este objetivo principal, no habría sido un guardavida. Salvar vidas constituía la naturaleza central de mi descripción de trabajo.

La razón por la que enfatizo esta idea de un rol fundamental es porque la gente a menudo quiere usar a Jesús para todo lo demás que no sea su rol principal. Quieren que Jesús los rescate de problemas de salud, deudas, problemas relacionales, problemas emocionales y más. Y, aunque Jesús es suficiente para ayudarnos en todas estas cosas, como hemos visto en otros capítulos, si no lo vemos primero como el que nos rescata de nuestros pecados, pasamos por alto el fundamento sobre el cual reside todo lo demás.

La misión central de Jesús es salvarnos de nuestros pecados. Leemos en Juan 3:36: "El que cree en el Hijo tiene vida eterna; pero el que rehúsa creer en el Hijo no verá la vida, sino que la ira de Dios está sobre él".

Él vino para salvarnos y darnos vida eterna, pero también vino para que podamos experimentar esa vida plena en el presente (Juan 10:10). Esto es algo que solo podíamos hacer después que Jesús aplacara la ira de Dios contra nosotros a través de su expiación sustitutiva.

Una de las razones por las que Jesús no nos ayuda de la forma en que deseamos que lo haga en otras áreas de la vida es porque a menudo obviamos el tema del pecado y vamos directamente a lo que queremos. Omitimos nuestro reconocimiento de la razón principal por la que Él vino e intentamos usarlo como una máquina expendedora. Sin embargo, Jesús vino, ante todo, para tratar con nuestros pecados, ya sea salvarnos para que tengamos vida eterna a través de su expiación y salvarnos para la vida en la tierra a través de su intercesión continua y revestirnos de poder para resistir y vencer la tentación y las consecuencias continuas del pecado (Hebreos 7:25).

Cuando queremos que Jesús nos rescate del problema periférico en lugar del problema central que nos ocupa, incluso aunque el problema periférico sea importante, estamos soslayando su método y su estrategia para rescatarnos de todo. Cuando no le permitimos tratar con el problema central de nuestra vida (el pecado), no podemos invocarlo para las demás cosas, porque todas las otras cosas con las que luchamos están enraizadas en el pecado.

Todo lo negativo en tu vida está relacionado directa o indirectamente con la presencia del pecado. Estás experimentando las consecuencias de tu propio pecado o el de otra persona, o tu problema surge de un entorno contaminado y pecaminoso, donde todos vivimos, trabajamos y actuamos. Esto último incluye aquellas cosas que existen porque el mal ha invadido la atmósfera y nos ha afectado emocional, circunstancial, relacional, social, física y espiritualmente. Así como la gripe invade la atmósfera en la que vivimos y respiramos, estamos rodeados de pecado mientras vivimos en este ambiente contaminado.

Sin embargo, ¿quién quiere hablar sobre el pecado? Además de los predicadores carismáticos y los evangelistas, la mayoría de las personas consideran el pecado como un tema tabú en la actualidad. Los estudios bíblicos raras veces, si alguna vez, se centran en el pecado. La serie de sermones tampoco. El tiempo de devoción personal a menudo está orientado a recibir aliento por la presencia y el propósito de Jesús, no a reconocer y librarnos del pecado. De hecho, en lugar de llamar al pecado por lo que es, a menudo lo minimizamos con nuestras palabras. Podríamos llamarlo "error" o decir: "es mi personalidad". A veces etiquetamos al pecado como un "problema".

En nuestra cultura contemporánea de autopromoción, el pecado no tiene cabida en la mayoría de nuestras conversaciones.

Sin embargo, si Jesús no puede lidiar con este problema principal en nuestras vidas, todas las demás circunstancias que enfrentemos continuarán amontonándose hasta que finalmente se desbordarán y nos inundarán.

Podemos obtener una mejor apreciación de la persona de Jesús como nuestro Salvador si miramos más de cerca la naturaleza de Dios. Para empezar, Dios vive en su perfecto estado del ser. Todo sobre Él es perfecto. No tiene fallas. No tiene puntos débiles y no comete errores. Dios ve el pecado como pecado. Todo pecado evoca su respuesta porque Él es puro. Por ejemplo, si fuera a un quirófano con las manos llenas de tierra y las colocara sobre el paciente, esa persona se contaminaría. Sin embargo, aunque solo entrara y colocara pequeñas bacterias en un escalpelo que se usara durante la cirugía, aunque no se pueda ver la bacteria, aun eso provocaría una contaminación.

Como verás, en una sala de operaciones todo tiene que

estar esterilizado. Los médicos y las enfermeras deben lavarse las manos y seguir un protocolo de limpieza para proteger al paciente de la más mínima contaminación. Porque incluso la más mínima contaminación puede conducir a resultados fatales.

Dios está "esterilizado". Todo acerca de Él es perfecto, y no puede permitir ni permitirá que entre en su presencia la más mínima contaminación. Por lo tanto, el problema del pecado es enorme, y Dios estableció el protocolo para tratar con este problema a través de su Hijo, Jesús. Tratar con el pecado es la base de todo lo que podemos hacer en nuestras vidas. Si no lo tratamos de la manera que Dios ha estipulado, estamos bloqueando nuestro acceso a su presencia y su poder. Es como intentar tratar el cáncer con medicamentos de venta libre. No funcionará. Jesús vino para que podamos tener una manera de subsanar la raíz de nuestros problemas. Y, hasta que le permitamos llegar a la raíz, nuestros intentos de revertir los síntomas del pecado serán pasajeros en el mejor de los casos. Podríamos enmascarar los síntomas y las consecuencias durante unas horas, pero, cuando esa distracción desaparezca o ese programa de doce pasos se agote, no sanaremos por completo la herida profunda que todo pecado produce en nuestra vida.

En Marcos 2 leemos acerca de una ocasión en que unos amigos trajeron a un hombre paralítico a Jesús para que lo sanara. Sin embargo, Jesús no comenzó por sanar los problemas físicos del hombre. Más bien comenzó por decirle que sus pecados habían sido perdonados (v. 5). Mientras el hombre y sus amigos buscaban una sanidad física, Jesús sabía que era más importante una sanidad espiritual. Jesús trató eso primero. Él quería que el hombre volviera a alinearse espiritualmente con Dios antes de apuntar a lo físico.

Es como cuando un niño se cae de una bicicleta y se lastima la rodilla. El padre no aplica automáticamente medicamentos a la herida abierta para promover la curación. No, primero tiene que lavar la suciedad de la herida y quizás incluso quitar la arenilla. Cualquier cantidad de tierra o arenilla, no importa cuán pequeña sea, solo dará lugar a problemas físicos aún mayores en el futuro. Se debe limpiar la herida antes que el ungüento pueda funcionar como corresponde para que haya curación.

Jesús es el representante de Dios para limpiar el lodo y la suciedad de nuestro pecado. A través del poder de limpieza de su sangre descubrimos la cura para toda y cada una de las cosas que tratan de destruirnos. El diablo tiene una meta. El pecado no es una masa arbitraria y flotante de gérmenes que solo esperan a un huésped. No, Satanás nos tienta a pecar, y él tiene una meta distinta: la muerte (Juan 10:10). Satanás ha venido a robar y matar, y sabe que el costo del pecado es la muerte (Romanos 6:23), ya sea la muerte física, la separación relacional o la muerte emocional... no le importa.

Como ya mencioné, la muerte puede tener varias implicaciones, pero, a fin de cuentas, implica una división o separación de lo que alguna vez fue bueno. La muerte en la Biblia a menudo se refiere a una separación, no a un final. Por ejemplo, cuando una persona muere, ya sea que vaya al cielo o al infierno, no ha dejado de vivir. Es solo que el espíritu y el alma han abandonado el cuerpo, y el cuerpo ya no puede funcionar. Por lo tanto, la meta del pecado es lograr una separación. Siempre. Puede significar una separación de Dios por haberse dañado nuestra comunión. O podría significar una separación el uno del otro. Ya sea una crisis racial o social, el pecado generalizado separa la unidad que Dios desea que tengamos entre la humanidad.

Con demasiada frecuencia nos obsesionamos con los aspectos físicos y las realidades tangibles de la vida y nos olvidamos de tratar con el pecado. En el caso del racismo, por ejemplo, terminamos hablando de piel y no de pecado. Terminamos con siglos de confusión en nuestra nación porque no hemos logrado tratar con la raíz del problema, que es el pecado de ver a los demás inferiores a nosotros. Y, mientras la conversación se centre en lo social (económico, político, relacional o incluso personal) en lugar de espiritual, estaremos atrapados mientras buscamos cómo solucionar los síntomas en lugar de tratar con la raíz. Estoy seguro de que sabes lo que sucede con las malas hierbas cuando no puedes arrancar la raíz. Vuelven a brotar y crecen después de cortarlas, por lo general, aún con más fuerza.

Amigo, puedes ahorrar mucho tiempo al tratar con los problemas de tu vida, tu hogar, tu trabajo o tu comunidad si comienzas por el problema del pecado. Trata con la raíz, y el resto se ajustará. Jesús no vino solo a tratar los síntomas. Él vino a tratar las causas, que luego resultarán en síntomas subsanados. A menos que abordes la causa del problema en cuestión, siempre estarás frente a un tratamiento fragmentario. Tu situación puede mejorar por un tiempo, pero luego el problema volverá a aparecer.

Clases de pecado

Así como existe una variedad de bacterias en el mundo, el pecado no viene en un contenedor de tamaño único para todos. Todos hemos pecado, sí. Sin embargo, estos pecados son tan variados como los copos de nieve en una tormenta. Ya sea un pecado de comisión (lo que una persona hace adrede) o un pecado de omisión (el resultante de no hacer lo que debe; Santiago 4:17), todo pecado conduce a la muerte.

No solo hay infinidad de maneras de pecar, sino que también hay tres categorías distintas de pecado: imputado, heredado y personal.

Pecado imputado

La palabra *imputado* significa "acreditado a la cuenta de alguien". Si tu empleador te ofrece hacer un depósito automático para cobrar el sueldo, no recibirás el dinero efectivo el día de pago. Tampoco recibirás un cheque. Lo que recibirás se conoce como crédito. Al recibir ese crédito, ahora tienes la posibilidad de acceder a esos fondos, a pesar de que no hubo ningún cambio de manos de dinero tangible cuando te pagaron.

En Romanos 5:12 encontramos nuestro pecado imputado: "Por tanto, como el pecado entró en el mundo por un hombre, y por el pecado la muerte, así la muerte pasó a todos los hombres, por cuanto todos pecaron". La raza humana recibió un crédito de muerte por el pecado de Adán. Lo que hizo Adán se trasladó a todos nosotros. A través de su maldad, heredamos nuestra naturaleza pecaminosa y la consecuencia de su pecado, que es la muerte.

Puede que pienses que es muy injusto. Permíteme usar mi deporte favorito, el fútbol americano, para ayudar a ilustrar el concepto. Cuando un defensor se coloca en posición adelantada antes de recibir el balón, no es el único penalizado. Debido a que el equipo juega como equipo, anota como equipo y defiende como equipo, la penalidad del defensor se convierte en la penalidad del equipo. En esencia, el pecado del defensor se imputa a los otros miembros del equipo, a pesar de que ninguno de ellos se colocó en posición adelantada. ¿Por qué? Porque están vinculados.

La Biblia declara que todos estamos vinculados a la raza humana a través de Adán. Y, debido a que Adán pecó, se atribuyó a toda la raza humana la consecuencia de dicho pecado y, por lo tanto, se la penalizó con la muerte. La muerte sustitutoria de Cristo resolvió el problema del pecado imputado, razón por la cual los infantes y aquellos que no tienen la capacidad mental de comprender el pecado están cubiertos (Romanos 5:17-19).

Pecado heredado

El pecado heredado es lo que cada uno de nosotros recibe de nuestros padres y antepasados. También es lo que transmitimos a nuestros propios hijos.

Lo conocemos como nuestra "naturaleza pecaminosa". Toda persona que haya nacido (excepto Jesús) tiene una naturaleza pecaminosa. Está en el ADN debido a la introducción del pecado por parte de Adán. Por lo tanto, cuando tienes hijos, no solo les das tu buena apariencia, sino también tu propensión al pecado. Por eso un padre nunca tiene que enseñar a un niño cómo ser egoísta, cómo ser astuto o cómo mentir. Lo que un padre tiene que enseñar a un niño es cómo compartir, cómo amar y cómo ser paciente.

Heredamos el pecado. Nos sucede a todos. Todos luchamos con eso. Todos debemos tratar de vencerlo. Y, aunque algunos de nosotros manejamos mejor que otros nuestra naturaleza pecadora, todos tenemos una naturaleza pecadora con la que lidiar. Ya sea que aparezca externamente en palabras o acciones obvias, o sea un espíritu egoísta y orgulloso que quede solo entre tú y Dios, una naturaleza pecaminosa produce pecado, que luego produce muerte (Romanos 6:23).

Pecado personal

Olvidémonos de Adán por un momento. Olvidémonos de tus padres y antepasados por un momento. Solo pensemos en ti y en mí. Porque el pecado personal es el que sabemos que no debemos cometer, pero aun así seguimos adelante y lo cometemos. O es la acción correcta que sabemos que deberíamos tomar, pero decidimos no hacerlo por apatía o egoísmo.

Todos pecamos de esta manera. Tal vez algunos de nosotros permitimos que otros lo vean y otros de nosotros lo ocultamos, pero Dios no mira a la humanidad como nosotros. Dios mira el corazón (1 Samuel 16:7). Él ve nuestro corazón incluso mejor que nosotros. Después de todo, nuestro corazón nos engaña más de lo que nos damos cuenta (Jeremías 17:9). Por lo general, "seguir lo que te dicte el corazón" no es algo sabio porque tu corazón está contaminado con la influencia del pecado.

Ya sea que el pecado personal aparezca de manera atrevida o se esconda detrás de un velo de secreto, Dios sabe que está allí. El pecado nunca puede esconderse, solo puede perdonarse. Y cuando un corazón no se arrepiente de pecar y no busca el perdón, el pecado provoca la muerte. Eso es exactamente lo que hace el pecado. La paga del pecado es siempre la muerte. No hay ninguna manera de escapar de las complicaciones que produce el pecado en nuestra vida. Si bien podemos pensar que es posible escapar de las consecuencias, no podemos. Las consecuencias aparecen en todas partes, ya sea en la muerte emocional, la muerte relacional, la muerte financiera o la muerte eterna. El pecado engendra separación. Produce una inquietante distancia en las familias, entre las razas, en las iglesias y en nuestros propios pensamientos y vidas personales, lo cual da lugar al caos, el vacío, la pérdida y la degeneración.

En el nombre de Jesús

No obstante, hay buenas noticias en este capítulo de "malas noticias". La buena noticia es que Jesús vino para que nunca tengamos que morir. Cualquiera que sea la categoría de muerte que podemos experimentar, cuando nuestra fe está puesta solo en Cristo para el perdón de nuestros pecados, Él restaura nuestra vida. Como declara Juan 11:26: "Y todo aquel que vive y cree en mí, no morirá eternamente".

También leemos en 2 Corintios 5:8: "Pero confiamos, y más quisiéramos estar ausentes del cuerpo, y presentes al Señor". La muerte física es solo la ausencia del cuerpo. No equivale a muerte espiritual o separación de Dios si Jesucristo ha salvado a una persona. De hecho, cuando mueres físicamente, no estarás muerto el tiempo suficiente para saber que has muerto. Inmediatamente, te trasladarás al reino celestial y a la presencia del Señor (ver Lucas 23:43). La razón por la que nunca debes temer a la muerte es porque Jesús enfrentó el castigo del pecado de manera que la muerte física, para un creyente, es solo una transición momentánea. Jesús nos ha rescatado del poder del pecado.

Mientras que su salvación asegura nuestro destino eterno

cuando creemos en Él y en su promesa de vida eterna, Él también nos salva del poder del pecado y de su capacidad de arruinar nuestras vidas aquí en la tierra. Hace las dos cosas. Demasiados de nosotros lidiamos con cosas relacionadas con nuestras emociones, finanzas, relaciones y otras cosas que han surgido a causa de nuestro pecado. Sin embargo, cuando vamos a Dios con la perspectiva equivocada, no conseguimos la ayuda que necesitamos. Por ejemplo, algunas personas acuden a Dios porque la deuda de su tarjeta de crédito se ha acumulado demasiado y dicen: "Dios, ayúdame a pagar mis cuentas", pero Dios siempre se ocupa primero de la raíz: el pecado que causó la deuda. Su respuesta puede ser: "Pecaste en el área de tu dinero". Y si no quieren tratar con ese pecado —arrepentirse (admitir lo que hicieron mal y dejar de hacerlo)—, no pasará por alto el pecado para pagar sus cuentas.

Jesús trae vida y liberación, pero lo hace a su manera. Murió por tus pecados, tanto futuros como presentes. Sin embargo, hay un camino hacia esa liberación que no podemos omitir si esperamos ser libres. En 2 Corintios 5:21 dice: "Al que no conoció pecado, por nosotros lo hizo pecado, *para que* nosotros fuésemos hechos justicia de Dios en él".

Para que. Esas son dos palabras cortas, pero llevan la clave de nuestra victoria en Jesús. Él se hizo pecado por nosotros *para que* podamos ser hechos justicia de Dios. Solo cuando buscamos su perdón y expiación al arrepentirnos de nuestros pecados, experimentamos la justicia que Él nos da. Solo Él puede vencer cualquier problema que estés enfrentando, pero solo puedes recibir ese poder para vencer cuando te dejas transformar mediante su perdón. Romanos 5:10 dice: "Porque si siendo enemigos, fuimos reconciliados con Dios por la muerte de su Hijo, mucho más, estando reconciliados, seremos salvos por su vida". Jesús vive para rescatarte de los efectos del pecado. Para eso vino.

Uno de los pasajes más poderosos de las Escrituras a menudo se atribuye solo a la muerte física, pero significa mucho más:

> He aquí, os digo un misterio: No todos dormiremos; pero todos seremos transformados, en un momento, en un abrir y cerrar de ojos, a la final trompeta; porque se tocará la trompeta, y los muertos serán resucitados incorruptibles, y nosotros seremos transformados. Porque es necesario que esto corruptible se vista de incorrupción, y esto mortal se vista de inmortalidad. Y cuando esto corruptible se haya vestido de incorrupción, y esto mortal se haya vestido de inmortalidad, entonces se cumplirá la palabra que está escrita: Sorbida es la muerte en victoria. ¿Dónde está, oh muerte, tu aguijón? ¿Dónde, oh sepulcro, tu victoria? ya que el aguijón de la muerte es el pecado, y el poder del pecado, la ley. Mas gracias sean dadas a Dios, que nos da la victoria por medio de nuestro Señor Jesucristo (1 Corintios 15:51-57).

En este pasaje profundamente conmovedor de las Escrituras, uno en el que innumerables almas han encontrado refugio y consuelo, Pablo declara la victoria de Jesús sobre la muerte. Sin embargo, no solo ha librado una guerra y ganado sobre la muerte física, sino que Jesús tiene la victoria sobre cualquier golpe mortal que enfrentes. Puesto que Él vive, puedes vencer todo lo que el pecado arroje en tu camino y obtienes acceso a su vida a través de su nombre. Sin embargo, lo que la mayoría de las personas no logran comprender es que la victoria no viene solo al conjurar o apelar a su nombre, sino que también está basada en nuestra relación con su nombre.

No puedes solo decir "Jesús" y recibir la intervención del cielo en tu situación terrenal, aunque los predicadores puedan dar ese mensaje y las congregaciones puedan gritar su nombre con osadía y repetirlo para que tenga mayor efecto. La mayoría de nosotros terminamos nuestras oraciones y decimos: "En el nombre de Jesús", porque así nos han enseñado a orar. Y si bien eso es importante, a menos que exista un fluir abierto entre nosotros y Jesús, solo posible gracias al perdón, no tenemos el derecho legítimo y legal de usar su nombre.

Déjame ilustrarlo de esta manera. Cuando una persona tiene poder notarial, eso significa que otra persona le ha dado permiso para usar su nombre. Ha recibido permiso legal de otra persona para actuar en su nombre.

Sin la designación oficial del poder notarial, otra persona no puede decidir qué hace en nombre de la propiedad o las finanzas de otra persona. Creo que todos podemos entender esto porque es un proceso establecido por nuestro sistema judicial. No obstante, lo que pocos de nosotros entendemos con respecto al nombre de Jesús es que, a menos que se nos haya otorgado un permiso legítimo para usar su nombre a través del proceso del perdón y al permanecer en Él, no tendremos el "poder notarial" de usar su nombre con autoridad.

Como verás, el nombre de Jesús no es un término mágico como "abracadabra". No viene impregnado de poderes de superhéroe. Más bien, el nombre de Jesús te da acceso a un poder mayor que cualquier poder mágico o de superhéroe… cuando lo usas junto con una relación correcta con Él.

En Hechos 19 vemos un ejemplo perfecto de esto. Debido a que Pablo viajaba por varias ciudades y echaba demonios en el nombre de Jesús, otras personas comenzaron a ver esto como un negocio que generaba ganancias. Pensaron que la clave secreta era el nombre de Jesús, así que procedieron a usarlo. Sin embargo, cuando fueron a echar fuera un demonio, el demonio les dijo sin rodeos que, si bien había oído hablar de Pablo y conocía a Jesús, a ellos no los conocía. El hombre endemoniado empezó a saltar sobre ellos, los dominó, los desnudó y los hirió (vv. 11-16).

Estas personas querían echar fuera demonios. Emplearon una estrategia que habían visto funcionar, pero, cuando fueron a echar fuera el demonio, este los atacó y los hizo huir.

En otras palabras, solo porque conocían el nombre de Jesús y lo usaron no significaba que tuvieran el derecho legítimo de acceder a la autoridad que se encuentra en su nombre. Esta verdad es válida para todos nosotros también. Por eso, 1 Juan 5:14-15 señala: "Y esta es la confianza que tenemos en él, que si pedimos alguna cosa conforme a su voluntad, él nos oye. Y si sabemos que él nos oye en cualquiera cosa que pidamos, sabemos que tenemos las peticiones que le hayamos hecho". La advertencia que encontramos aquí es la cláusula "conforme a su voluntad". Dios no va a responder cuando uses el nombre de Jesús si no estás igualmente interesado en hacer su voluntad. Cualquier cosa que no sea su voluntad es desobediencia ya que Él está sobre todo y gobierna sobre todo. Y uno de los principios fundamentales de su voluntad es que primero debemos tratar con el pecado, recibir el perdón a través de la expiación de Jesús para que nos podamos alinear en obediencia. Usar el nombre de Jesús sin su autorización no le obliga a responder.

Amigo, si vas a terminar tus oraciones "en el nombre de Jesús", primero permite que Dios señale tu pecado para que puedas arrepentirte y recibir el perdón de tu pecado. El perdón abre paso para que Dios obre en las circunstancias y la liberación por las que acabas de orar. Sin embargo, si decides omitir su voluntad, lo único que has hecho es perder tiempo con un eslogan.

Juan 15:7 dice: "Si permanecéis en mí, y mis palabras permanecen en vosotros, pedid todo lo que queréis, y os será hecho". Juan 14:13-15 también enfatiza esto: "Y todo lo que pidiereis al Padre en mi nombre, lo haré, para que el Padre sea glorificado en el Hijo. Si algo pidiereis en mi nombre, yo lo haré. Si me amáis, guardad mis mandamientos".

Amar a Jesús significa guardar sus mandamientos. Permanecer en Jesús significa tener la verdad de su Palabra, su perspectiva sobre cada decisión que tomes... que rija sobre ti. Cuando estas dos cosas suceden, tienes la garantía de su liberación. Tienes la garantía de que recibirás lo que pidas. Porque, cuando haces estas dos cosas, estás en su voluntad y, lo que sea que pidas, será también su deseo.

El poder del nombre de Jesús tiene la capacidad de hacerte libre por toda la eternidad, pero su nombre también tiene la autoridad de darte la victoria en cada situación que enfrentes en este tiempo presente.

Jesús pudo haber sido un nombre común en el contexto cultural en que nació Jesús, pero, debido a lo que Él hizo y quién es, este nombre nunca ha sido el mismo desde entonces.

Y tampoco será el mismo en el futuro. De hecho, en el futuro, cada rodilla se doblará ante este nombre y cada lengua lo confesará, sin importar cuán poderosa sea la persona o cuán grande sea su influencia en el cielo o en la tierra (Filipenses 2:9-11).

No sé quiénes son las personas supuestamente "poderosas" en tu vida. No sé el nombre que podrías mencionar para impresionar a los demás. Podría ser el nombre de una celebridad. Podría ser el nombre de un médico. Podría ser el nombre de un atleta. Sin embargo, no importa cuán grande sea ese nombre en este momento, y no importa cuántas puertas se abran cuando mencionas que conoces a esa persona, no hay otro nombre tan fuerte y poderoso como el de Jesús. Y cuando decides permanecer en Él y permites que su Palabra permanezca y tratas de obedecerlo y pedir perdón cuando no lo haces, descubres que este nombre te abre puertas que nadie podría haberte abierto jamás. También cierra puertas que Satanás intenta usar para perjudicarte o evitar que cumplas tu propósito y tu destino.

Cuando conozcas bien este nombre y te alinees correctamente bajo Jesús, verás que el cielo visitará la tierra y abordará el pecado y las circunstancias cambiantes. Recuerda que Dios envió a Jesús para tratar con el pecado, no para que te sientas cómodo con este.

¿No era necesario que el Cristo padeciera estas cosas, y que entrara en su gloria? Y comenzando desde Moisés, y siguiendo por todos los profetas, les declaraba en todas las Escrituras lo que de él decían.

LUCAS 24:26-27

Y ciertamente, aun estimo todas las cosas como pérdida por la excelencia del conocimiento de Cristo Jesús, mi Señor, por amor del cual lo he perdido todo, y lo tengo por basura, para ganar a Cristo.

FILIPENSES 3:8

10

CRISTO

Mi nombre de pila es Anthony Tyrone Evans. Es el nombre que mis padres eligieron para mí cuando nací. Sin embargo, la mayoría de la gente me conoce como Tony Evans. Cuando escucho ese nombre, me doy la vuelta para responder porque esa es la persona con la que me identifico. Ahora bien, cuando estoy con mi familia en casa, también me identifico como "Abu" (por mis nietos), Papi (por mis hijos) y Tony o Doc (por mi esposa). Si estoy reunido con la familia y alguien dice "Anthony", voy a seguir con lo que estoy haciendo sin levantar la vista, porque así llaman a mi hijo.

En las instalaciones donde trabajo con nuestro ministerio nacional, o cuando estoy de viaje para dar conferencias, la gente agrega el título de Doctor antes de mi nombre debido a mi doctorado en teología. Por lo tanto, a menudo escucho a otros decir "Dr. Evans" en reuniones o cuando viajo y soy el conferencista invitado.

En el ámbito de la iglesia donde sirvo como pastor

principal, por lo general, la gente no me llama Anthony, Tony, Tony Evans ni siquiera Dr. Evans. En la iglesia, siempre me llaman Pastor. Cuando escucho a alguien decir "Pastor", me giro para mirar porque esa persona probablemente se esté refiriendo a mí. Si los miembros de la congregación o el personal se dirigen a alguno de los pastores asociados, suelen agregar el apellido, como Pastor Gibson, o lo sustituyen por un apodo, como "Pastor G". De esta manera, es fácil para mí y para otros identificar a quién se dirigen cuando solo dicen "Pastor".

Cuando recibo correos electrónicos o cartas de los oyentes de mi transmisión radial, a menudo usan una combinación de estos nombres, como Dr. Tony Evans, Pastor. En esencia, ponen mi nombre personal con mi título y agregan mi rol en una sola frase.

Como puedes ver, hay muchas maneras de referirse a una persona. Pueden separar nombres, como Tony, Doc o Pastor. O pueden combinar nombres, como Dr. Tony Evans, en función de la relación y el entorno. Ya sea que las personas usen mis nombres combinados o separados, hablan de mí cuando usan cualquiera de mis nombres.

Transfiramos estos pensamientos a los nombres de Jesús. Encontramos una variedad de nombres con los cuales llamaban a Jesús a lo largo de las Escrituras. Cuando se combinan los nombres Rey de reyes y Señor de señores, se le conoce como el Señor Jesucristo. A veces leemos solo sobre Jesús. En otras ocasiones, simplemente se le conoce como Señor o Cristo. Si bien todos los escritores que lo mencionaban hablaban de la misma persona, existen matices únicos para cada uno de sus nombres.

Espero que, al hacer una comparación contemporánea,

comiences a ver cómo los diversos nombres de Jesús no son aleatorios. Tienen intencionalidad y significado. Por ejemplo, Tony Evans es mi identidad personal. Doctor es mi título. Pastor es mi rol o responsabilidad. *Poppy* es mi relación con mis nietos. Del mismo modo, Jesús es la identidad personal de nuestro Señor. El significado de ese nombre es "Salvador" y "libertador", como vimos en el último capítulo. El nombre personal de Jesús hace referencia a su propósito y su capacidad para rescatarnos y liberarnos, predominantemente, del pecado, pero también pasó tres años de su ministerio liberando a las personas de circunstancias difíciles, como opresión demoníaca, cojera, ceguera y hambre. La misión de Jesús es rescatar, lo cual es coherente con su nombre. Además del nombre de Jesús, también lo conocemos como Cristo. Ahora bien, Cristo no es el apellido de Jesús. Es su rol u oficio. La palabra *Cristo* es la traducción griega de la palabra hebrea *Mesías*. Por eso leemos en Juan 1:41: "Este [Andrés] halló primero a su hermano Simón, y le dijo: Hemos hallado al Mesías (que traducido es, el Cristo)". Así pues, cuando ves la palabra *Cristo*, un nombre usado más de quinientas veces en el Nuevo Testamento, estás leyendo la palabra del Antiguo Testamento: *Mesías*.

Entonces, para entender el significado de *Cristo*, primero tenemos que entender el de *Mesías*. La palabra *Mesías* significa, literalmente, "el ungido". Se refiere al elegido, llamado para un propósito específico y a quien Dios mismo le ha concedido el poder de llevar a cabo tal propósito. El nombre Cristo refleja el rol de elegido y empoderado por Dios para cumplir su propósito ungido específico.

Cuando Andrés dijo que habían encontrado al Mesías en

Juan 1:41, estaba hablando de alguien que habían estado buscando. Sabemos esto porque Andrés usó la palabra *hallado*. Si una persona dice que ha hallado algo, lo implícito en esa declaración es que estaba buscando algo. De hecho, no solo Andrés había estado buscando al ungido, sino todo Israel. Todo el Antiguo Testamento se escribió en anticipación del que vendría y cumpliría el rol de Mesías. Esto se conoce como la esperanza mesiánica. Es imposible comprender totalmente el Antiguo Testamento a menos que también se comprenda la esperanza mesiánica. Generación tras generación esperaban a esta persona que Dios había prometido que vendría no solo por los israelitas, sino también para impactar al mundo entero a través del establecimiento del reino de Dios en la tierra. La persona que buscaban era el Mesías, conocido en griego (el idioma del Nuevo Testamento) como el Cristo.

Lucas 24:25-27 relata la culminación de esa larga caminata en el camino a Emaús, cuando Jesús pasó tiempo con un par de sus abrumados seguidores después de su muerte y resurrección (aunque no lo reconocieron de inmediato). En estos versículos vemos que Jesús cita el Antiguo Testamento para explicar quién era. Después de todo, estos seguidores estaban desanimados porque habían estado esperando que Él liberara a Israel de la opresión romana (v. 21), pero en cambio habían presenciado su muerte, sin anticipar su resurrección. Entonces, mientras Jesús caminaba con ellos, evocó el Antiguo Testamento para revelar quién era. Al hacerlo, hizo referencia al Cristo:

> Entonces él les dijo: ¡Oh insensatos, y tardos de corazón para creer todo lo que los profetas han

dicho! ¿No era necesario que el Cristo padeciera estas cosas, y que entrara en su gloria? Y comenzando desde Moisés, y siguiendo por todos los profetas, les declaraba en todas las Escrituras lo que de él decían (vv. 25-27).

Todo el Antiguo Testamento, aunque no usa el nombre personal de Jesús, anticipa que la persona de Jesús vendrá como el Mesías (o Cristo). Por ejemplo, en Génesis 3:15 leemos que la mujer tendría una "simiente" a través de la cual vendría este Mesías. Ahora bien, cada vez que hablamos de la simiente para un bebé, estamos haciendo referencia al esperma de un hombre. Sin embargo, en este caso está escrito que la mujer tiene la simiente. Esto se debe a que ningún hombre participaría en la creación del hijo nacido de una virgen. El Mesías vendría a través de la simiente de una mujer, que se uniría con el Espíritu de Dios mismo.

Génesis 3:15 es nuestra introducción al que vendría a cumplir el rol del ungido. A medida que avanzamos en el Antiguo Testamento, vemos cómo Dios estableció un sistema completo de sacrificios en anticipación del Mesías venidero. Estableció todo un calendario de fiestas que hacían alusión a la llegada del Mesías. Dios incluso hizo ciertas promesas a Israel y, a través de Israel, a todo el mundo, que se cumplirían con el reinado del Mesías.

También encontramos varias oraciones en la Biblia en espera ansiosa de la venida del Mesías. Leemos sermones sobre cómo regiría la justicia cuando el Mesías viniera. El mensaje central del Antiguo Testamento gira en torno al anuncio del que habría de venir y encarnar la esperanza mesiánica.

Por lo tanto, en el contexto de cómo los israelitas entendían el significado y el rol del Mesías, cuando Andrés dijo que habían "hallado al Mesías" (Juan 1:41), estaba diciendo que habían encontrado a aquel sobre quien todo el Antiguo Testamento había hablado y profetizado. Jesús es el Cristo, el ungido de Dios, que cumple las promesas que Él hizo al mundo.

El linaje de Cristo

Hemos visto brevemente el linaje de Jesús en un capítulo anterior, pero vale la pena repetirlo debido a su relevancia para este nombre específico. Las Escrituras dicen que el Cristo, el ungido, debía venir a través del linaje del rey David.

Ahora bien, sé que leer los nombres y las genealogías de la Biblia quizás no sea tu actividad favorita, tampoco es la mía. Cuando encontramos un pasaje sobre alguien que engendró a otra persona, que luego engendró a otro, etc., puede ser un poco aburrido. Sin embargo, esta parte de las Escrituras que estamos por ver es una lectura sumamente importante, aunque nos parezca aburrida. La razón por la que digo que es importante es por cómo se relaciona con la profecía.

En el año 70 d.C., después que los judíos rechazaran a Cristo, el general romano Tito destruyó el templo judío y la ciudad de Jerusalén. En esta destrucción generalizada se perdieron los registros genealógicos de los judíos. Para ubicar la importancia de este hecho en nuestro contexto contemporáneo, podría ser similar a ir a un edificio de registros o acceder a programas de *software* moderno para encontrar información histórica. En un acto vanidoso de poder, todos esos registros judíos se destruyeron. Es decir, todos los registros excepto uno.

El registro del linaje de Jesús se preservó para nosotros en los escritos de Mateo y Lucas. Y, a través de la preservación de esta historia, descubrimos que cuando Dios unió a María y José, unió a dos personas que descendían de David.

En Mateo 1 leemos que Jesús vino a través de la línea legal de David. Y en Lucas 3 leemos que también vino a través de la línea biológica de David. Esto cumplió la profecía del Antiguo Testamento de que el Mesías vendría a través de la línea davídica. Y nos recuerda que Dios sabe cómo unir a dos personas para cumplir los propósitos de su reino. Él siempre hace todo premeditadamente.

Cuando Andrés dijo que habían hallado al ungido (Juan 1:41), se refería al ungido que había venido de la línea de David. Ahora bien, en las Escrituras, recibir una unción era ser elegido para un oficio y facultado para dicho oficio. En la cultura actual, se podría asemejar a una elección donde los candidatos se postulan para un cargo. Cuando alguien resulta elegido para un cargo, se consideraría que tiene la "unción" según la cultura del Antiguo Testamento.

En los tiempos bíblicos, había tres oficios distintos a los que alguien pudiera ser "elegido". La primera categoría de persona ungida en el Antiguo Testamento era un profeta. El profeta era alguien que Dios había elegido para hablar en su nombre. Por eso un profeta comenzaba a hablar con estas palabras (o algo similar): "Así dice el Señor". Un profeta no solo hablaba en nombre de Dios, sino que también predecía el futuro. Sus palabras eran a menudo de naturaleza predictiva. Transmitían lo que Dios había dicho, que con frecuencia incluía una declaración de acontecimientos que aún no habían sucedido.

La segunda categoría de quien era ungido en el Antiguo Testamento era un sacerdote. Ya vimos este oficio más a fondo en el capítulo 5, pero lo repasaremos aquí porque es muy importante.

En la cultura judía, existía una línea completa de sacerdotes. Esta línea de sacerdotes sería ungida con el expreso propósito de actuar como mediadores entre Dios y la humanidad. Debido a que la humanidad es pecadora, las personas no podían ir directamente a Dios. Y debido a la santidad de Dios, Él no se acercaría al pecado de las personas. Para cerrar esta brecha, Dios estableció un mediador conocido como sacerdote. Este se interpondría entre Dios y las personas mediante el sacrificio por el perdón de los pecados.

Como resultado de estos sacrificios, Dios tendría comunión con el pueblo y les traería bendición. Sin embargo, el sacerdote tenía que seguir un plan específico para cumplir su rol. Si el sacerdote se desviaba de ese plan (por ejemplo, al tocar el arca de manera irreverente o no cumplir con cualquiera de los requisitos para entrar en la presencia de Dios), el sacerdote moriría. Cuando se trata de santidad y pecado, Dios no pierde el tiempo. Por eso nos dio un mediador que tenía que mediar de acuerdo con ciertas reglas específicas.

Ahora bien, entre los sacerdotes había uno conocido como sumo sacerdote. También podía llamarse sacerdote principal. Este sumo sacerdote iba a un lugar conocido como el Lugar Santísimo una vez al año para ofrecer sacrificios por toda la nación de Israel. Tenía que seguir ciertos procedimientos para hacerlo, y nadie más podía entrar en esa área del templo o moriría. Como te puedes imaginar, el sacerdocio era un rol ungido que otros no intentaban desempeñar.

Una tercera categoría de la unción era la de un rey. Dios ungía al rey para su rol en las responsabilidades civiles y el gobierno de la nación. Cuando se elegía al rey, se sometía a una ceremonia oficial de unción, que lo declaraba el elegido de Dios para gobernar la nación. O bien Dios bendecía al rey o experimentaría las consecuencias de Dios por la forma en que desempeñaba su rol ungido.

Estas tres categorías de la unción —la del profeta, el sacerdote y el rey— debían cumplirse en el futuro en el rol que desempeñaría el Mesías. Este rol mesiánico único combinaría las tres posiciones en una sola. Por eso, en el bautismo de Cristo, como se registra en Mateo 3:16, los cielos se abrieron y Él experimentó la unción del Espíritu Santo. Esta unción lanzó a Jesús a su triple ministerio como profeta, sacerdote y rey.

Conocer este contexto del nombre Cristo te sirve de apoyo mientras lees y estudias las Escrituras. ¿Por qué? Porque cada vez que escuchas o lees el nombre de Cristo, también debes pensar en el nombre Mesías. Y cada vez que escuches o leas el nombre Mesías, también debes pensar en el nombre de Cristo. Para ambos nombres, también debes pensar en el término *ungido* y en su referencia a tres roles u oficios distintamente elegidos: los de profeta, sacerdote y rey.

Cristo encarna las tres posiciones ungidas en una sola persona. Por eso debemos dejar de pensar en Cristo como el apellido de Jesús y, en cambio, debemos considerarlo como una designación de sus tres oficios elegidos. Para que podamos comprender sus roles, necesitamos analizar más a fondo lo que implica cada uno de estos oficios.

Cristo como profeta

En su rol de profeta, Jesús es un revelador del futuro y un portavoz de Dios. ¿Por qué es importante? Principalmente, por la forma en que Jesús anunciaba lo que tenía que decir. Los profetas anteriores a Jesús comenzaban sus mensajes con esta frase o similar: "Así dice el Señor". Sin embargo, cuando Jesús hablaba en nombre de Dios, simplemente decía: "Te digo…".

Todos los profetas anteriores solo expresaban lo que Dios les había mandado decir al pueblo. Sin embargo, cuando Jesús hablaba, lo hacía con la autoridad de Dios. Después de todo, Él es Dios, así que esto tiene mucho sentido. En Juan 1:1 (RVA-2015) leemos: "En el principio era la Palabra, y la Palabra era con Dios, y la Palabra era Dios". Este pasaje nos permite saber que la razón por la que Jesús hablaba con autoridad era porque cuando Él hablaba, en realidad, Dios estaba hablando.

En Hebreos 1:1-2 leemos algo similar: "Dios, habiendo hablado muchas veces y de muchas maneras en otro tiempo a los padres por los profetas, en estos postreros días nos ha hablado por el Hijo, a quien constituyó heredero de todo, y por quien asimismo hizo el universo". Por lo tanto, Jesucristo, en su rol profético, es la palabra final sobre todos y cada uno de los temas. Él tiene la última palabra sobre todo. Sea cual sea el asunto, Jesús tiene la última palabra.

El problema en muchas de nuestras vidas hoy es que no permitimos a Cristo, el elegido y ungido, tener la última palabra en cada asunto. Sus palabras solo forman parte de las nuestras en la medida en que estén de acuerdo con las nuestras. Cuando difieren, la mayoría de nosotros recurrimos a nuestros propios pensamientos. Sin embargo, lo que

Jesús declara es la verdad en cada tema. La suya es la última palabra sobre la definición de matrimonio. La suya es la última palabra sobre cuándo comienza realmente la vida. Él tiene la verdad sobre lo que debe hacer el gobierno y cómo debe definirse. Él define la justicia, la moralidad y el género. Cualquiera que sea el tema, lo que Jesús dice es lo que vale. Cristo es la declaración profética de Dios mismo.

Eso significa que, cuando mezclamos cualquier otra palabra con la Palabra de Cristo, estamos invalidando la verdad de su Palabra. Como ya hemos visto en la ilustración del pecado en el capítulo 4, es como agregar una cucharadita de arsénico a una olla de estofado. Todo el guiso se contaminará. La falsedad confunde la verdad hasta tal punto que la totalidad de esta también se vuelve falsa. Cristo es el principio y el fin de toda verdad. Incluso conoce el principio desde el final. Su sabiduría gobierna sobre todo y debe inspirarnos e influenciarnos por completo. Tú y yo podríamos ahorrarnos una gran medida de frustración en nuestras vidas si tan solo aprendiéramos a abordar todo con una simple pregunta: "¿Qué dijo Jesús?".

En lugar de ver lo que Jesús dijo como un punto de debate y decidir si queremos o no estar de acuerdo con lo que dijo, debemos reconocer que Él es la voz de Dios porque es el ungido como nuestro profeta para hablar en nombre de Dios.

Cristo como sacerdote

Jesús no solo es ungido como profeta, sino también como sacerdote. Como tal, cumple el rol de mediador y es nuestro acceso a Dios. Hemos visto su rol como el Gran Sumo Sacerdote en el capítulo 5, pero volvamos a analizar el contexto aquí. Vemos este rol de Jesús en diversos pasajes de las Escrituras:

- *Juan 14:6*: "Jesús le dijo: Yo soy el camino, y la verdad, y la vida; nadie viene al Padre, sino por mí".

- *1 Timoteo 2:5*: "Porque hay un solo Dios, y un solo mediador entre Dios y los hombres, Jesucristo hombre".

- *Hebreos 2:17-18*: "Por lo cual debía ser en todo semejante a sus hermanos, para venir a ser misericordioso y fiel sumo sacerdote en lo que a Dios se refiere, para expiar los pecados del pueblo. Pues en cuanto él mismo padeció siendo tentado, es poderoso para socorrer a los que son tentados".

- *Hebreos 4:14-16*: "Por tanto, teniendo un gran sumo sacerdote que traspasó los cielos, Jesús el Hijo de Dios, retengamos nuestra profesión. Porque no tenemos un sumo sacerdote que no pueda compadecerse de nuestras debilidades, sino uno que fue tentado en todo según nuestra semejanza, pero sin pecado. Acerquémonos, pues, confiadamente al trono de la gracia, para alcanzar misericordia y hallar gracia para el oportuno socorro".

- *Hebreos 5:10*: "Y fue declarado por Dios sumo sacerdote según el orden de Melquisedec".

Mucha gente usa el nombre de Dios y omite a Jesús o Cristo. Sin embargo, el problema es que Jesús cumple el rol de sacerdote, el que nos da acceso a Dios. Si omites a Jesús, saboteas tu propio acceso a Dios. Él es el instrumento a través del cual la humanidad pecadora se conecta con un Dios santo. Solo el sacrificio de quien cargó con nuestros pecados puede conectar a Dios con la humanidad.

Cristo es un sumo sacerdote que también puede entender cómo nos sentimos. Puede identificarse con nuestras debilidades. Si bien Dios el Padre lo sabe todo, no lo ha sentido todo. En otras palabras, Él sabe cosas que nunca ha experimentado.

Sin embargo, debido a que el Padre quería experimentar todo, envió a su Hijo a la tierra como hombre. Jesús entiende la soledad. Él sabe cómo se siente el dolor. Comprende las emociones que el rechazo provoca. Incluso experimentó la muerte, tanto la muerte de aquellos que amaba como la suya propia. De hecho, no hay una categoría de tu vida que el sacerdote ungido no haya experimentado. Por eso Él puede tener compasión y misericordia de ti y de mí.

El Padre puede entender nuestro dolor, pero el Hijo puede identificarse con él porque lo experimentó. Esto se puede comparar a la diferencia entre un médico hombre que trae al mundo a un bebé y la partera que ya ha dado a luz un hijo propio. Uno entiende. La otra entiende y se identifica. La partera consuela, además de guiar y ayudar en momentos de necesidad. Esto es lo que Jesús hace por cada uno de nosotros. Él es una ayuda compasiva cuando más lo necesitamos (Hebreos 4:15-16).

Cristo como Rey

La tercera faceta donde Cristo es ungido es en el oficio de rey. Por ejemplo, el rey David fue ungido como rey sobre

Israel. Era el gobierno mismo. Era la cabeza de toda autoridad (ver 2 Samuel 2:4; 5:3). Sin embargo, ahora que Cristo ha venido, Él es la autoridad y el Rey sobre todos. Apocalipsis 11:15 dice: "El séptimo ángel tocó la trompeta, y hubo grandes voces en el cielo, que decían: Los reinos del mundo han venido a ser de nuestro Señor y de su Cristo; y él reinará por los siglos de los siglos".

En Efesios 1:10 (NTV) leemos: "Y el plan es el siguiente: a su debido tiempo, Dios reunirá todas las cosas y las pondrá bajo la autoridad de Cristo, todas las cosas que están en el cielo y también las que están en la tierra". Y Juan 18:36-37 declara:

> Respondió Jesús: Mi reino no es de este mundo; si mi reino fuera de este mundo, mis servidores pelearían para que yo no fuera entregado a los judíos; pero mi reino no es de aquí. Le dijo entonces Pilato: ¿Luego, eres tú rey? Respondió Jesús: Tú dices que yo soy rey. Yo para esto he nacido, y para esto he venido al mundo, para dar testimonio a la verdad. Todo aquel que es de la verdad, oye mi voz.

Cristo ejerce la función oficial como Rey designado sobre todos.

Ahora bien, lamentablemente, muchos cristianos se relacionan con Cristo de manera similar a como muchos ciudadanos estadounidenses se relacionan con el rol del presidente. A menudo escucharás a los estadounidenses decir cosas como "Bueno, él puede ser el presidente, pero no es mi presidente". Dicen esto porque no votaron por él, o porque no están de acuerdo con su temperamento o su política. En esencia, están dando a entender que, aunque él pueda ejercer su rol en esa posición, no permitirán que esa posición los gobierne.

Y aunque puede que las personas no declaren públicamente esto acerca de Cristo, lo infieren con sus acciones. Sus acciones proclaman: "Él puede ser el Rey, pero no es Rey sobre mí. Él puede estar en el trono, pero no voy a dejar que me diga qué hacer". Cuando esos son los pensamientos subyacentes en la vida de alguien, tal persona está en desacuerdo con el rol ungido de Cristo. Cristo es el Rey ungido, pero si no le permitimos gobernar en nuestras decisiones, ideología, carrera, finanzas y relaciones, puede que lo llames por su título, pero no le estás permitiendo desempeñar su posición de manera funcional.

Por eso decidí colocar este capítulo sobre Cristo en la Parte 2 del libro, que aborda el "Poder en su persona". Es cierto que el nombre Cristo se refiere a los distintos roles de profeta, sacerdote y rey. No obstante, puesto que somos miembros de su cuerpo, la Iglesia (1 Corintios 12:27), nuestra relación correcta con Él como persona nos asegura el cumplimiento de los beneficios de sus roles. Una y otra vez leemos de manera detallada en las Escrituras acerca de Cristo:

- *Romanos 15:7*: "Por tanto, recibíos los unos a los otros, como también Cristo nos recibió, para gloria de Dios".

- *Gálatas 3:27*: "Porque todos los que habéis sido bautizados en Cristo, de Cristo estáis revestidos".

- *Colosenses 1:26-27*: "El misterio que había estado oculto desde los siglos y edades, pero que ahora ha sido manifestado a sus santos, a quienes Dios quiso dar a conocer las riquezas de la gloria de este misterio entre los gentiles; que es Cristo en vosotros, la esperanza de gloria".

- *Colosenses 3:3*: "Porque habéis muerto, y vuestra vida está escondida con Cristo en Dios".

Y en uno de los pasajes más íntimos y vulnerables de las Escrituras, leemos sobre el profundo anhelo de Pablo de conocer a Cristo tanto como pudiera. La razón por la que quería conocer a Cristo era que, al hacerlo, podía ganar a Cristo para luego conocerlo aún más. Una parte de este pasaje señala:

> Pero cuantas cosas eran para mí ganancia, las he estimado como pérdida por amor de Cristo. Y ciertamente, aun estimo todas las cosas como pérdida por la excelencia del conocimiento de Cristo Jesús, mi Señor, por amor del cual lo he perdido todo, y lo tengo por basura, para ganar a Cristo (Filipenses 3:7-8).

Nuestra esperanza está enraizada en Cristo, estamos escondidos en Cristo, aceptados en Cristo y vestidos en Cristo. Conocer a Cristo personal y relacionalmente es tener acceso a todas las personificaciones de Cristo para nosotros.

De otro modo, todo rechazo a Cristo resulta en un rechazo de los beneficios y las bendiciones que Él nos brinda a través de sus tres roles ungidos. Solo experimentarás el bien que Cristo tiene para ti cuando le permitas obrar totalmente a través de esos roles en tu vida. Recibirás su provisión, su poder y sus bendiciones en la medida en que te alinees bajo su persona y permanezcas en su persona.

Ungido

Mi versículo favorito de la Biblia arroja luz sobre cómo experimentamos la bondad de Cristo:

> Con Cristo estoy juntamente crucificado, y ya no vivo yo, mas vive Cristo en mí; y lo que ahora vivo en la carne, lo vivo en la fe del Hijo de Dios, el cual me amó y se entregó a sí mismo por mí (Gálatas 2:20).

Memoriza este versículo. Medita en él. Es la clave de la victoria en todos los ámbitos de tu vida.

Cuando analizamos este versículo, vemos que hemos sido crucificados con la unción misma. Hemos sido crucificados con los tres oficios ungidos de profeta, sacerdote y rey, así como con lo que esos oficios representan y producen. Del mismo modo, cuando Pablo dice que Cristo vive en nosotros, se refiere a la unción. El profeta, el sacerdote y el rey viven en cada uno de nosotros.

Tener a Cristo en ti es tener los tres oficios dentro de ti también. Ya no vives por ti mismo. Por el contrario, ahora vives de acuerdo con la persona que cumple magníficamente los tres oficios.

Déjame explicártelo con una taza de café. Cuando tomo mi café de la mañana, comienza negro; pero no pasa mucho tiempo antes de agregarle un poco de azúcar y crema. Aunque le haya agregado todo eso sigue siendo café, pero ahora es café transformado. Ya no se ve como cuando se sirvió originalmente. La oscuridad ahora es más clara. Lo amargo ahora es más dulce. Sigue siendo café, pero se ha mezclado con otras cosas.

Cuando tú y yo estamos unidos personal y relacionalmente con Cristo, seguimos siendo quienes éramos en nuestro estado caído original, pero ahora nos hemos mezclado con la persona de Cristo. Ahora se nos ha agregado su presencia transformadora. Tenemos todo lo que los tres roles de profeta, sacerdote y rey aportaron a nuestra vida a través de la unión con Cristo. Sin embargo, es solo en la medida en que permitamos que Cristo viva en nosotros y su presencia se manifieste en nosotros, que accederemos a todo lo que Él tiene para nosotros en estos tres roles.

Tienes que dar permiso a Cristo para permitir que su unción fluya a través de ti. ¿Cómo lo haces? Por la fe en el Hijo de Dios. Cuando recurres a su verdad y aplicas su autoridad, su perdón, su norma y su Palabra sobre cada parte de tu vida. Cuando te acercas valientemente al trono de la gracia, pues sabes que ningún pecado es demasiado grande para alejarte de la presencia de Dios, porque dentro de ti está el poder mediador del Gran Sumo Sacerdote. Él es tu Rey y el que gobierna sobre las circunstancias y dificultades de tu vida.

Vivir por la fe en el Hijo de Dios requiere dejar de vivir en la carne. Ya no puedes actuar basándote en la confianza en ti mismo, tus pensamientos y tus habilidades. La forma de acceder al poder del cielo y lograr que funcione íntegramente en tu vida es a través de una completa dependencia y obediencia a Cristo. Estar en yugo con Cristo (Mateo 11:29-30). Él es quien hace la obra en ti. Sí, tienes talento. Sí, tienes discernimiento. Sí, te esfuerzas. Sin embargo, nada de eso será duradero sin la autoridad, el poder y la participación central de Cristo. Él es quien debe hablar a través de ti como profeta. El que debe mostrarte misericordia y darte confianza al entrar valientemente en la presencia del Padre, porque Él es el sacerdote. El que te enseñará lo que debes hacer porque Él te gobierna como Rey. En la medida en que confíes y permanezcas en unión con Cristo, podrás acceder a sus beneficios y recompensas en esta vida y en la próxima.

Confiar en Cristo y descansar en Él en todas las cosas es la mejor estrategia de vida que puedes practicar. Cuanto más te acerques a Cristo y más permitas que sus palabras se conviertan en tus propias palabras, más experimentarás el cumplimiento del propósito para el cual estás en la tierra. Tu vida debe fluir con la unción de Cristo. Y lo hará cuando le permitas ser tu última palabra, tu sacerdote mediador y tu rey.

Pablo explicó cómo hacerlo en Gálatas 2:20: "Lo que ahora vivo en la carne, lo vivo en la fe del Hijo de Dios". Lo haces "en la fe". Lo haces al saber que todo lo que haces es lo que Cristo hace a través de ti. Es Cristo quien debe hacer la obra y la hará a través de ti. Es Él quien tiene que hablar a través de ti. Es Él quien tiene que manejar las cosas por ti. Es Él quien tiene que caminar contigo a través de las situaciones que te asedian. Al descansar en Cristo y recurrir a su persona le permites hacer eso por ti.

Existe un deporte olímpico que se conoce como salto de altura. Los saltadores de altura usan sus piernas y saltan tan alto como pueden para franquear una barra. Los grandes saltadores de altura pueden llegar a saltar más de dos metros, lo cual, si lo piensas, es bastante.

Luego hay otro deporte llamado salto de pértiga. Un

saltador de pértiga corre con una pértiga larga en sus manos y luego clava la pértiga en el suelo para franquear una barra mucho más alta. Los saltadores de pértiga pueden saltar más del doble que cualquier saltador de altura. Algunos incluso han superado casi los seis metros.

Ahora bien, tanto los saltadores de altura como los saltadores de pértiga intentan hacer lo mismo. Están tratando de superar una barra alta. Sin embargo, uno lo está haciendo en su propio esfuerzo humano. El otro se apoya en otro elemento que lo impulsa más lejos de lo que podría llegar solo… y más alto.

Es posible que llegues lejos por tu propio esfuerzo sin apoyarte en Dios y unirte con Él, pero no llegarás tan alto. La eternidad lo revelará. Sin embargo, cuando recurres a la unción —cuando tomas la pértiga del profeta, el sacerdote y el rey—, puedes hacer más de lo que jamás soñaste. Ves que puedes amar a personas que nunca te cayeron bien. Puedes ser amable cuando normalmente serías malo. Puedes controlar tus impulsos sexuales y lo que dices. Puedes controlar tus emociones cuando normalmente perderías el control. Puedes identificar tu propósito y responder a tu llamado.

Cuando te impulsa la unción que obra tanto en ti como a través de ti, tienes la capacidad de ir más allá de lo que alguna vez pensaste que podrías en tu humanidad. ¿Por qué? Puesto que Él es el Cristo, y has depositado tu fe en Él, Él es más que suficiente para llevarte más alto de lo que jamás soñaste.

Y le dijo: De cierto, de cierto os digo:
De aquí adelante veréis el cielo abierto,
y a los ángeles de Dios que suben y
descienden sobre el Hijo del Hombre.

Juan 1:51

Verdaderamente este era Hijo de Dios.

Mateo 27:54

11

HIJO DE DIOS, HIJO DEL HOMBRE

En la iglesia que pastoreo, tenemos a quienes llamamos "hijos del ministerio". Estos no son mis hijos biológicos, por supuesto. Nuestra iglesia ha ordenado a estos hombres para reubicarse y ministrar en otros lugares. Han surgido de nuestros programas de discipulado, han recibido instrucción espiritual a nivel personal y han crecido a tal nivel que están listos para cumplir el rol de ministros por su cuenta. Siempre me entusiasma ver lo que los hijos del ministerio van y hacen por el Señor. Tal vez hayas oído hablar de algunos de ellos, ya que han tenido repercusión nacional, como Eric Mason.

Estoy seguro de que Pablo sintió el mismo entusiasmo cuando vio a las personas que discipulaba madurar a tal grado que ellos también podían ministrar por sí mismos. Pablo se refirió a Timoteo como hijo en la fe (1 Timoteo 1:2, 18).

Timoteo no era el hijo biológico de Pablo, pero era su hijo ministerial.

Los próximos nombres de Jesús que vamos a ver hacen referencia a una persona que desempeñó dos roles claramente ordenados. Jesús es tanto el Hijo de Dios como el Hijo del Hombre. Él no solo posee la naturaleza de Dios y del hombre, sino que también está ungido para cumplir un rol designado en representación de Dios y de nosotros. Puede cumplir ambos roles en una sola persona, porque esa persona tiene ambas naturalezas en Él.

Jesús nos revela el corazón, los designios, el carácter, los atributos y los deseos de Dios para nosotros (Juan 14:7-11; Hebreos 1:1-3). Sin embargo, también se identifica con nuestro corazón, designio, carácter, atributos y deseos como humanos. Él puede hacerlo porque tiene tanto la naturaleza divina como la humana, sin mezclar en Él. Por eso podía estar hambriento en un momento, pero, al siguiente, alimentar a cinco mil personas. Podía tener sed en un momento y, al siguiente, caminar sobre el agua. En un momento podía morir. Luego, en otro momento, podía resucitar de entre los muertos. Esta es la gran dicotomía de la existencia de Jesús. Es el Hijo de Dios y el Hijo del Hombre.

Que Jesús posea una naturaleza divina significa que posee atributos divinos. Por lo tanto, todo lo que es verdad sobre Dios también lo es sobre Jesús. Dios es omnipotente, omnipresente, omnisciente, lleno de gracia, misericordia, justicia e ira. Todas las características que definen el corazón de Dios también definen a Jesús.

Sin embargo, Jesús no solo es el Hijo de Dios, sino también el Hijo del Hombre. Como el Hijo del Hombre en la tierra, Jesús se cansaba y tenía hambre. Tenía una comida favorita; necesitaba dormir; lloró cuando sus emociones le llevaron a hacerlo. Incluso experimentó la tentación del diablo. Todo lo que nos hace *personas*, Jesús lo poseía en su humanidad, excepto el pecado.

No obstante, ¿cómo podía Jesús ser completamente Dios, con todos los atributos de la deidad y, al mismo tiempo, ser completamente hombre, con todos los atributos de la humanidad? La respuesta a esa pregunta se encuentra en el nacimiento virginal. Abordamos el nacimiento virginal en el primer capítulo de este libro, por lo que no lo volveremos a ver aquí con gran detalle; pero hay un aspecto de este nacimiento que quiero considerar más a fondo.

Para refrescar tu memoria: la humanidad de María se unió con la deidad de Dios para crear la persona más singular que jamás haya existido en la historia humana. Y, aunque María era humana y su ADN contenía la naturaleza humana pecaminosa, el rol del Espíritu Santo era no solo fusionarse en ella para crear vida humana, sino también proteger la naturaleza humana de Jesús de recibir la naturaleza del pecado (Lucas 1:35). Esto resultó en la perfecta dualidad de Jesús, que era necesaria para que Él llevara a cabo el plan profético de expiación único que Dios estableció después de la caída de Adán.

Este plan fue único en muchos sentidos, empezando por la concepción misma. Después de todo, se profetizó que sería la "simiente" de la mujer la que aplastaría la cabeza del diablo (Génesis 3:15). En esa profecía, Dios reveló desde el principio que su plan para cerrar la brecha creada por el pecado lo llevaría a cabo un ser humano resultante de la simiente de una mujer.

Como hemos visto en el último capítulo, esta profecía parece tener una contradicción biológica inherente a ella. Después de todo, la simiente de un hombre fecunda a una mujer. La simiente de una mujer nunca crea una nueva vida.

Excepto en el caso de Jesús.

Porque en el caso de Jesús, Dios sabía de antemano que de quien estaba hablando no tendría un padre humano. Él concedió a María la simiente, fusionada con el Espíritu Santo, para que naciera aquel que aplastaría la cabeza del diablo. La deidad del cielo procreó al Hijo de Dios y al Hijo del Hombre a través de la mujer. Procreó al que no solo reclamaría lo que el diablo había robado a la humanidad cuando Adán pecó, sino que también poseería la capacidad de reclamar cualquier cosa y todo lo que el diablo continúa robando a cualquiera que esté cubierto bajo el pacto de Cristo (Juan 10:10).

Jesús te libera

Uno de los pasajes de las Escrituras que más amo descubre el propósito de esta combinación única:

> Así que, por cuanto los hijos participaron de carne y sangre, él también participó de lo mismo, para destruir por medio de la muerte al que tenía el imperio de la muerte, esto es, al diablo, y librar a todos los que por el temor de la muerte estaban durante toda la vida sujetos a servidumbre (Hebreos 2:14-15).

Jesús participó de quienes somos para liberar a quienes somos de lo que nos tenía sujetos a servidumbre, no solo de la experiencia literal, sino también del temor a ella. Lo hizo al hacerse humano.

Dios tomó parte en la carne de un hombre porque solo la carne puede morir. No se puede matar a un espíritu. La razón por la que tuvo que morir fue para destruir la autoridad del diablo y liberarnos para cumplir los propósitos que Él tuvo al crearnos y colocarnos en la tierra.

Jesús murió para que Satanás no tuviera más reclamos legítimos sobre aquellos que depositan su fe en Él para el perdón de los pecados. Lo que significa que, si el diablo todavía parece tener un reclamo sobre ti, o bien no eres salvo, o bien no entiendes lo que significa vivir diariamente en el poder regenerador y salvador que otorga la expiación de Cristo. La razón por la que Jesús murió y resucitó fue para quitarnos los grillos y quitarle la llave al diablo, que mantenía a la humanidad como rehén.

De hecho, la única forma en que los creyentes permanecen esclavos del diablo es a través de la argucia y el engaño. Es en esos momentos cuando Satanás te hace pensar que no eres libre, que no actúas libremente. Satanás retiene a muchísimas personas como rehenes de esta manera, razón por la cual se opone con toda su fuerza a los creyentes que crecen en su conocimiento y aplicación práctica de la Palabra. Porque en la Palabra descubres la verdad, que te hace libre (Juan 8:31-32). En la Palabra descubres la magnitud y el alcance de la salvación de Jesús.

La mayoría de nosotros tenemos una visión muy limitada de la muerte de Jesús. La mayoría cree que Dios se hizo hombre para que podamos ir al cielo. Punto y aparte.

Sin embargo, Jesús vino, vivió, respiró, murió y resucitó

para hacer mucho más que eso. Sí, Él vino para abrir un camino al cielo, pero también murió y resucitó para traer el cielo (su gobierno, autoridad, poder, gracia, confianza, compasión, sabiduría y más) a ti en la tierra. Jesús vino para destruir la autoridad del diablo. Todo lo que el diablo puede hacer ahora es engañarte. Ya no te gobierna. ¡Estas son muy buenas noticias!

No obstante, Jesús no te aseguró la victoria solo para tu propio beneficio. Eres salvo en la tierra de la autoridad del diablo para que puedas vivir el propósito del reino de Dios en tu vida. Dios tiene un destino divino que quiere que cumplas. Tu existencia tiene una razón, y esa razón es significativa. Demasiados creyentes jamás viven sus destinos porque no logran hacer la conexión entre la salvación en el cumplimiento de los tiempos con el propósito de Dios para ese tiempo.

Tu vida nunca fue destinada a ser solo para ti.

Debes usar tu tiempo, tus talentos y tus bienes para extender estratégicamente el reino de Dios en la tierra para su gloria, tu propio beneficio y el beneficio de los demás. Así como Jesús tenía un doble propósito como el Hijo de Dios y el Hijo del Hombre, cuando te conviertes en un seguidor de Jesús, tú también tienes un doble designio. Debes poner la mira en las cosas de arriba (Colosenses 3:2), prepararte y buscar las recompensas eternas, y a la vez promover la voluntad de Dios en la tierra (Mateo 6:10).

No solo eso, sino que, cuando aceptaste a Jesús, la persona y la obra del Espíritu Santo a través de Cristo entraron en ti y te dieron poder sobre el pecado. Y puesto que el Hijo del Hombre no conocía el pecado, puede enseñarte y ayudarte a ser la persona que has sido destinada a ser. Él puede darte poder para vencer el pecado y revertir sus consecuencias para que puedas vivir plena, libre y puramente en Él.

El pecado nos ha ensuciado a todos. Incluso la misma presencia del pecado produce caos. Sin embargo, en Jesús, su naturaleza dual proporciona a cada uno de nosotros la capacidad de resistir la tentación y cortar el control del pecado sobre nuestra vida.

Esta naturaleza dual de Jesús también nos abre el camino para que conozcamos a Dios el Padre más íntimamente, como Él lo hizo. Como el Hijo de Dios y el Hijo del Hombre, la relación de Jesús con Dios mientras estuvo en la tierra nos muestra cómo debe ser la nuestra. Nos mostró un nivel de cercanía que está disponible para cada uno de nosotros. Jesús y Dios estaban tan familiarizados el uno con el otro mientras Jesús vivió en la tierra, que Jesús lo llamaba "Padre". Una y otra vez, Jesús se dirigía a Dios por el único nombre que representaba la afinidad natural de un vínculo familiar.

Sin embargo, es interesante notar que una vez se refirió al Padre como "Dios" cuando estaba en la cruz. Puesto que la presencia de todos nuestros pecados lo envolvió, la santidad de Dios se alejó de la intimidad que Jesús siempre tuvo. En Mateo 27:46 pronunció estas palabras: "Dios mío, Dios mío, ¿por qué me has desamparado?".

En ese momento, cuando Jesús estaba muriendo en la cruz por nuestros pecados, no se dirigió a Dios como Padre. No pudo sentir la relación que alguna vez había sentido tan cercana. La comunión que había estado allí todo el tiempo se había roto debido al pecado del mundo que Jesús cargó sobre sí. Aquel que conoció como Papá rápidamente se convirtió en la gran deidad que conocemos como Dios. Esto es exactamente lo que hace la presencia del pecado. El pecado nos separa de la intimidad con Dios Padre. Como dice Isaías 59:2: "Vuestras iniquidades han hecho división entre vosotros y vuestro Dios, y vuestros pecados han hecho ocultar de vosotros su rostro para no oír".

El pecado siempre produce una separación, pero cuanto más te acercas a Jesús (que es tu salvación eterna y temporal del pecado), más cerca estás de Dios. De hecho, en la medida en que te acerques a Jesús, también podrás conocer a Dios en el nivel de "Papi".

Sin embargo, lo contrario también es cierto. Cuanto más te alejes de Jesús, más te alejarás de Dios a medida que el pecado te separe de su presencia. La cercanía relacional del buen Padre solo aparece cuando se ha tratado con el pecado. Cuando se permite al pecado permanecer en escena, Dios sigue siendo la gran deidad del cielo distante y lejana, Creador de los cielos y la tierra. Pero, una vez que conozcas los nombres Hijo de Dios e Hijo del Hombre y apliques la realidad de su verdad en tu vida, podrás acercarte a Dios de una manera que solo la expiación de un Salvador sin pecado podría permitir. Como dice Gálatas 4:6: "Y por cuanto sois hijos, Dios envió a vuestros corazones el Espíritu de su Hijo, el cual clama: ¡Abba, Padre!". A través de Jesús (el Hijo de Dios y el Hijo del Hombre), puedes experimentar a Dios como Padre.

La razón por la que muchos de nosotros no hemos experimentado más a fondo la presencia de Dios en nuestras vidas se debe a que solo lo conocemos como Dios. Todavía no se ha convertido en Papá. No hemos llegado a conocerlo como nuestro amado Padre a través de la obra del Dios-hombre.

Retrocede dos versículos del pasaje que acabamos de leer

en Gálatas, y descubrirás el contexto para llamar a Dios tu Padre: "Pero cuando vino el cumplimiento del tiempo, Dios envió a su Hijo, nacido de mujer y nacido bajo la ley, para que redimiese a los que estaban bajo la ley, a fin de que recibiésemos la adopción de hijos" (vv. 4-5). Por medio de Jesús, Dios nos ha adoptado para que Él sea legalmente nuestro Padre. Dios no quiere que Jesús sea su único Hijo. Jesús es un Hijo unigénito, sí. Es un Hijo único en su especie, sin duda, pero no es el único hijo de Dios. A medida que nos acercamos a Jesús y permitimos que la voluntad de Dios obre en nuestras vidas y a través de ellas, nos conformamos a la imagen de Jesús y lo reflejamos como hijos de Dios (Romanos 8:28-29).

Cosas mayores que estas verás

Una vez que reconoces a Jesús como el Hijo de Dios y crees en Él como un reflejo de Dios mismo, tienes acceso a la autoridad sobre todo lo que necesitas en tu vida en la tierra. La teología que respalda esta declaración se nos revela en la historia de Jesús, Felipe y Natanael:

> El siguiente día quiso Jesús ir a Galilea, y halló a Felipe, y le dijo: Sígueme. Y Felipe era de Betsaida, la ciudad de Andrés y Pedro. Felipe halló a Natanael, y le dijo: Hemos hallado a aquél de quien escribió Moisés en la ley, así como los profetas: a Jesús, el hijo de José, de Nazaret. Natanael le dijo: ¿De Nazaret puede salir algo de bueno? Le dijo Felipe: Ven y ve. Cuando Jesús vio a Natanael que se le acercaba, dijo de él: He aquí un verdadero israelita, en quien no hay engaño. Le dijo Natanael: ¿De dónde me conoces?

Respondió Jesús y le dijo: Antes que Felipe te llamara, cuando estabas debajo de la higuera, te vi. Respondió Natanael y le dijo: Rabí, tú eres el Hijo de Dios; tú eres el Rey de Israel. Respondió Jesús y le dijo: ¿Porque te dije: Te vi debajo de la higuera, crees? Cosas mayores que estas verás. Y le dijo: De cierto, de cierto os digo: De aquí en adelante veréis el cielo abierto, y a los ángeles de Dios que suben y descienden sobre el Hijo del Hombre (Juan 1:43-51).

Esta historia relata el encuentro de Jesús con Felipe y Natanael. Jesús identificó por primera vez a Felipe, quien luego fue y le contó a Natanael que habían hallado a quien sería su Rey, como se había profetizado en Daniel 7:13-14:

Miraba yo en la visión de la noche, y he aquí con las nubes del cielo venía uno como un hijo de hombre, que vino hasta el Anciano de días, y le hicieron acercarse delante de él. Y le fue dado dominio, gloria y reino, para que todos los pueblos, naciones y lenguas le sirvieran; su dominio es dominio eterno, que nunca pasará, y su reino uno que no será destruido.

Natanael creyó las palabras de Felipe y la profecía, y se dirigió al encuentro de Jesús. Sin embargo, cuando se encontró con Jesús, Él le habló como si ya lo conociera. Esto tomó a Natanael por sorpresa, por lo que le preguntó a Jesús si ya le conocía. A lo que Jesús explicó que le había visto debajo de la higuera antes que Felipe le llamara para venir. Dijo que también sabía que Natanael era un hombre en quien no había engaño.

Ten en cuenta que esto fue antes que existieran los teléfonos inteligentes y *FaceTime*. Fue antes de *Facebook Live* o los registros de visitas en Facebook. Natanael sabía que no había forma de que Jesús lo hubiera visto debajo de esa higuera a no ser por una obra sobrenatural del mismo Dios. Cuando Natanael escuchó eso, al instante creyó. Y puesto que creyó, Jesús le comunicó que llegaría a ver cosas aún mayores que esa.

Si bien la higuera es importante para comprender este intercambio personal, el hecho de que Jesús dijera que era un hombre sin engaño es aún más significativo. La razón se encuentra en Génesis 28:10-17, donde vemos a otro hombre que soñaba con una escalera que bajaba del cielo, con ángeles que descendían y ascendían de esa escalera. El nombre de este hombre era Jacob. Y Jacob estaba lleno de engaño (Génesis 25:19-34; 27:1-36).

Jesús presentó a Natanael como alguien con el carácter opuesto al del hombre engañoso que había experimentado esa cercanía única con el mismo cielo y mundo angelical. Como resultado, Jesús bendijo a Natanael con su propia promesa de ver "el cielo abierto, y a los ángeles de Dios que suben y descienden sobre el Hijo del Hombre" (Juan 1:51).

La fe de Natanael en el Hijo de Dios le permitió experimentar al Hijo del Hombre. Al identificar a Jesús como la deidad misma, Natanael recibió la promesa de poder conocer a Jesús y su autoridad en la tierra también.

Muchos de nosotros lo entendemos al revés. Queremos al Jesús que se identifica con nuestro dolor o al "amigo… más unido que un hermano" (Proverbios 18:24). Queremos al Jesús que puede sanar enfermedades y restaurar corazones. Sin embargo, hasta que Natanael no reconoció por primera vez la autoridad y la grandeza de Jesús como el Hijo de Dios, no escuchó decir a Jesús que llegaría a conocer el poder y la presencia del Hijo del Hombre.

Quizás estés esperando que el cielo se abra. Tal vez estés esperando experimentar el poder de Jesús sobre el que lees, cantas y escuchas predicar. Quieres ver a Dios por ti mismo. No quieres que sea solo algo lejano que se encuentra en los lugares celestiales; también quieres que sea real aquí mismo en tu propia realidad.

Y Dios será eso para ti, te enviará a sus ángeles (Hebreos 1:14), pero solo cuando honres y reconozcas a Jesús como Dios. Él es el Hijo de Dios, el reflejo exacto de Dios mismo.

Cuando permaneces en la voluntad de Dios, puedes ver que el cielo se abre y que de él descienden cosas más grandes de las que puedas imaginar. Sin embargo, si decides no relacionarte con Jesús en tu vida diaria, no honrarlo y conocerlo como el Hijo de Dios, nunca te beneficiarás de sus dones para ti como el Hijo del Hombre.

Esta promesa no solo es para Natanael. De hecho, cuando analizamos el griego original de este pasaje, vemos que Jesús usó la forma plural de *tú* cuando dijo: "De aquí en adelante veréis el cielo abierto, y a los ángeles de Dios que suben y descienden sobre el Hijo del Hombre" (Juan 1:51). Por lo tanto, no solo estaba hablando a Natanael, sino a todos los que lo reconocemos como el verdadero Hijo de Dios.

Esa realidad debería hacerte sonreír. Debería darte ánimo. ¡Debería hacerte saltar y gritar! ¿Por qué? Porque esa verdad te promete la providencia necesaria para que vivas plenamente la voluntad de Dios en reconocimiento del Hijo de Dios. Te da entendimiento de cómo obtener todo lo que necesitas, no solo para vivir tu vida, sino también para maximizar el uso, cumplimiento y significado de tu vida en el reino.

Jesús habló de estas "cosas mayores" a Natanael y a todos nosotros, y luego mostró un ejemplo en el siguiente capítulo. En Juan 2 leemos acerca de la fiesta de bodas donde Jesús convirtió el agua en vino. En la cultura bíblica, las bodas duraban varios días, y el vino era una forma de traer alegría y diversión a toda la fiesta. La mayoría de las veces, los anfitriones servían el mejor vino primero, porque era cuando todos podían probarlo a conciencia. Una vez que ya estaban demasiado alegres, se podía servir el vino más barato.

Sin embargo, en esta boda en particular, el vino se acabó por completo. María pidió a Jesús que salvara la situación y demostrara su poder a todos los que estaban allí. Sin duda, quería deleitarse en quién sabía que era su hijo. Y, aunque Jesús originalmente se negó a su pedido, finalmente accedió. Entonces Jesús pidió a los criados que llenaran de agua las tinajas vacías, y luego transformó el agua en vino.

El maestresala dijo al novio que en las bodas primero se servía el mejor vino, pero que él había reservado su mejor vino para el final. ¡Jesús no sabe hacer otra cosa que lo mejor!

Sin embargo, no podremos experimentar la realidad práctica, tangible y terrenal del poder de Jesús si no le reconocemos plenamente como el Hijo de Dios. En lugar de ir a buscar agua, si eso es lo que nos pide que hagamos, discutimos y nos quejamos de que no nos queda vino. Pensamos que su instrucción es demasiado ilógica para obedecer. Entonces no lo hacemos, pero la única razón por la que ocurrió el milagro en la fiesta de bodas fue porque los criados fueron y llenaron las tinajas vacías como Jesús les había pedido.

Si no estás dispuesto a alinear tus pensamientos, tus palabras y tus acciones conforme a la instrucción divinamente directiva de Jesucristo, el Hijo de Dios, nunca experimentarás las cosas mayores que el Hijo del Hombre puede hacer por ti. Todo se reduce a alineación, obediencia y fe. Todo depende de ti.

Sé que podrías estar cansado. Sé que podrías estar agotado. Incluso podrías sentirte vacío, como las tinajas de aquella boda. Miras a tu alrededor y no ves motivo de celebración. No encuentras felicidad, paz, victoria, liberación, ganancia. Sin embargo, no es porque el Hijo del Hombre no pueda darte todas esas cosas y más. Más bien, es porque no has ido a buscar agua. No has hecho lo que te ha pedido que hagas. Decides esperar tu milagro en lugar de trabajar por tu milagro. Tu tarea implica obediencia a Jesús como el Hijo de Dios.

Sin embargo, si decides hacer lo que Él dice, verás el cielo abierto y los ángeles de Dios ascender y descender sobre el Hijo del Hombre. Verás la intervención del cielo en la tierra. Jesús es tanto el Hijo de Dios como el Hijo del Hombre, que conecta el cielo con la tierra y te otorga todo lo que necesitas para vivir tu destino divino.

*En el principio era la Palabra, y la Palabra
era con Dios, y la Palabra era Dios… Y la
Palabra se hizo carne y habitó entre nosotros,
y contemplamos su gloria, como la gloria del
unigénito del Padre lleno de gracia y de verdad.*

Juan 1:1, 14 (rva-2015)

*Dios, habiendo hablado muchas veces y de
muchas maneras en otro tiempo a los padres
por los profetas, en estos postreros días nos ha
hablado por el Hijo, a quien constituyó heredero
de todo, y por quien asimismo hizo el universo.*

Hebreos 1:1-2

12

La Palabra

¿De dónde vino todo?

Esta no es solo una pregunta abstracta, sino que tiene una profunda incidencia en cada una de nuestras vidas. Tu creencia sobre el origen del mundo influye en lo que piensas de tu vida, tus decisiones y tus valores.

Algunos nos quieren hacer creer que en el principio no había básicamente *nada* y que, de repente, después de una gran explosión, hubo *algo*. Ese *algo* comprendía las partículas que componen los elementos fundamentales de la vida. Estos, en el proceso de miles de millones de años, evolucionaron hasta convertirse en lo que vemos hoy, incluidos tú y yo.

Francamente, creo que se necesita mucha fe para creer en una hipótesis como esa, en especial porque realmente no hay evidencia sólida que respalde tal historia. De hecho, creo que se necesita más fe para creer en la evolución que para creer la historia de la creación relatada en la Biblia.

Y la teoría de la evolución en sí sigue evolucionando a

medida que las personas buscan evidencia científica que la respalde. En esencia, la teoría sugiere que Dios no es necesario. Ese algo vino de la nada, y el orden vino del caos. Que hay un proceso impersonal detrás de todo en nuestro mundo.

Cuando eliminamos a Dios de la ecuación, nos quedamos sin significado y sin propósito. Quizás el atractivo de la teoría de la evolución para muchas personas sea que también descarta nuestro sentido de responsabilidad ante un Dios personal que nos creó.

¿Ha sido la causa de todo lo creado una explosión primaria de materia altamente comprimida? ¿Destruye tal explosión nuestra percepción de responsabilidad ante Dios? ¿Las personas creen en esa teoría porque están convencidas de que es verdad o porque las exime de responder por sus vidas y sus acciones? La evolución puede utilizarse como una oportunidad de negar nuestra responsabilidad ante Dios. Puede sugerir que no tenemos que responder ante nadie, porque no creemos que haya un ser personal que sea más grande que nosotros y ante quien tengamos que rendir cuentas por nuestras decisiones. La evolución nos permite creer que somos nuestro propio dios.

Sin embargo, la Biblia cuenta una historia diferente.

La Palabra y la creación

Cuando Juan 1:1 habla del comienzo de los tiempos, nos recuerda que Jesús estaba allí en el primer momento de la creación. El relato bíblico de la creación no habla de un accidente que ocurre debido a una gran explosión, sino de intencionalidad, propósito y participación. Jesús está allí en la primera página de la historia. Aunque no aparece en su forma encarnada (humana) hasta mucho después del fin del

Antiguo Testamento, ha estado en escena desde antes que se levantara el telón. Alcanzamos a entrever lo que sucedió al leer los siguientes versículos:

- *Apocalipsis 19:13* (RVA-2015): "Está vestido de una vestidura teñida en sangre, y su nombre es llamado LA PALABRA DE DIOS".

- *Juan 1:1* (RVA-2015): "En el principio era la Palabra, y la Palabra era con Dios, y la Palabra era Dios".

Por lo tanto, vemos que uno de los nombres de Jesús en la Biblia es la Palabra de Dios. La traducción griega de *palabra* es *logos*. *Logos* era una palabra muy poderosa en los días de Jesús. La razón por la que era tan poderosa es porque los griegos usaban esa palabra para definir la fuerza impersonal detrás del universo. Cuando los griegos hablaban de logos, era en el contexto de identificar la fuerza creativa que había dado lugar a todo el conocimiento, toda la sabiduría e, incluso, la creación. Para entender la cultura de ese entonces, una persona necesitaría estar familiarizada con el término *logos*.

Por lo tanto, cuando Juan escribió su epístola, utilizó un término existente, que ya era muy significativo, y le infundió un significado adicional. Tomó una palabra que su cultura contemporánea ya entendía para representar una fuerza poderosa detrás de toda la creación, y luego la empapó de la verdad. Como cualquier gran escritor u orador, cuando trató de enfatizar la palabra *logos*, la repitió desde diversos ángulos: "En el principio era la Palabra, y la Palabra era con Dios, y la Palabra era Dios… Y la Palabra se hizo carne" (Juan 1:1, 14, RVA-2015).

Juan comienza señalando que la Palabra fue el principio de

todas las cosas. De hecho, existió antes del principio de todas las cosas conocidas. Sabemos esto porque Juan usa el tiempo pasado *era* y no *es* cuando presenta la Palabra. La Palabra precedió al principio y, al hacerlo, preexistió a la existencia de todo lo demás.

El segundo punto que Juan señala es que la Palabra no solo preexistió, sino que también coexistió. "La Palabra era con Dios". El término griego traducido *con* en este pasaje significa "cara a cara". Se refiere a un alto nivel de comunicación con Dios. Se miraban a los ojos, por así decirlo. Se miraban el uno al otro. Estaban estrechamente comunicados entre sí. Estaban alineados entre sí.

En tercer lugar, Juan señala que la Palabra era Dios. Con esto, vemos que esa Palabra preexistente y coexistente también existía por sí misma, porque Dios es el único que no necesita nada fuera de sí mismo para ser Él mismo. Ninguna otra cosa de la creación puede existir sin depender de otra cosa. Solo Dios es autónomo.

Finalmente, Juan dice que la Palabra se hizo carne. Era preexistente, coexistente y existía por sí misma, pero también se hizo tangiblemente existente. Dios introdujo la manifestación física de su gobierno y divinidad en la creación que Él mismo había hecho.

El término *palabra* puede tener muchos significados, en especial tiene que ver con la comunicación, como cuando alguien te dice: "Me gustaría tener unas palabras contigo". Cuando decimos una palabra a alguien o hablamos con alguien, nos estamos comunicando con esa persona. En esa misma línea, la Palabra existe como el canal de comunicación entre Dios y la humanidad. En Salmos 138:2 leemos: "Me postraré hacia tu santo templo, y alabaré tu nombre por tu misericordia y tu fidelidad; porque has engrandecido tu nombre, y tu palabra sobre todas las cosas".

Cada vez que encontramos el nombre "Palabra" en las Escrituras, hace referencia tanto al mensaje de Dios como a una persona. El significado se extiende más allá de la comunicación de la boca de Dios y llega hasta la existencia misma de su vida. La Palabra es más que contenido oral, aunque incluye tal definición, también hace referencia a la naturaleza misma del Hablante.

La Palabra de Dios es igual a la persona de Dios puesto que la Palabra era Dios. La Palabra *es* Dios.

Amigo, la Palabra tiene una historia; existió antes del principio. Y lo único que precede al principio es la eternidad. La Palabra estaba en una íntima relación, cara a cara con Dios. De hecho, *era* Dios. Entonces, cuando hablamos de la Palabra, estamos hablando de la autorrevelación de Dios. La Palabra no es una fuerza impersonal. Juan usó el pronombre *él*, no *ello*, cuando se refirió a la Palabra en Juan 1. La Palabra es una persona, no solo una forma de comunicación. Por lo tanto, la Palabra de Dios no es el logos de los griegos. La Palabra es…

preexistente

coexistente

existe en sí misma

existe tangiblemente

autónoma

evidente por sí misma

La Palabra es un *quién*, una persona compuesta de mucho más que cualquiera que haya existido. Esta Palabra es responsable de la creación. Como Juan 1:3 expresa, nada fue creado sin la Palabra. Leemos: "Todas las cosas por él fueron hechas, y sin él nada de lo que ha sido hecho, fue hecho". Juan 1:3 desmiente por completo la teoría del *Big-Bang* [la gran explosión] y la teoría de la evolución. Esto se debe a que dependen de fuerzas impersonales en acción, no a una persona en acción. La creación en que vivimos y existimos está ligada a *Él*, no a *ello*. La creación está ligada a una persona, no a algún principio científico. No ha surgido nada que no haya sido creado por la Palabra misma, que existía antes del principio con Dios y era Dios.

No es difícil entender por qué los que creen en la evolución no quieren usar el cerebro. Porque cuando los seres humanos comprenden que un ser, Dios mismo, creó el universo, también comprenden que son responsables. La evolución ofrece la oportunidad de negar eso. La evolución dice: "No tengo que responder ante nadie. No hay ningún ser personal pensante, que sea más grande que yo y pueda tomar el control de mis decisiones". Muchos quieren ser su propio dios. Quieren controlar su propia existencia. Entonces optan por creer en una fuerza impersonal que hizo explosión en la creación.

Gran parte del caos que presenciamos en nuestra sociedad de hoy se debe a un sistema de pensamiento evolutivo que descarta a Dios, sus normas y su gobierno sobre la humanidad. Todos tienen su propia versión de la verdad en evolución. Podemos vivir independientemente de la moral, las virtudes y los valores si descartamos la realidad de que Dios existe y que la Palabra (Jesús) creó el mundo en que vivimos. El rechazo al gobierno integral de Dios se muestra en nuestras tasas de delitos, conflictos personales, tasas de aborto, definición de vida, definiciones de género y sexualidad, así como en las decisiones sobre cómo usamos nuestro tiempo. Cuando no creemos en Dios, creemos que podemos determinar nuestra propia verdad, podemos hacer las cosas como queremos y no somos responsables ante nadie. Sin embargo, si queremos administrar nuestro propio mundo, tenemos que crear nuestro propio mundo, porque Dios creó este, y Él toma las decisiones, ya sea que lo reconozcamos o no.

Con respecto a la creación de este mundo, leemos claramente:

- *Colosenses 1:16-17*: "Porque en él fueron creadas todas las cosas, las que hay en los cielos y las que hay en la tierra, visibles e invisibles; sean tronos, sean dominios, sean principados, sean potestades; todo fue creado por medio de él y para él. Y él es antes de todas las cosas, y todas las cosas en él subsisten".

- *Hebreos 1:1-2*: "Dios, habiendo hablado muchas veces y de muchas maneras en otro tiempo a los padres por los profetas, en estos postreros días nos ha hablado por el Hijo, a quien constituyó heredero de todo, y por quien asimismo hizo el universo".

Dios creó el mundo a través de Jesús y para Jesús. Contrario a la opinión popular, no lo creó ante todo para nosotros. Primero y principal, Jesús, la Palabra a través de la cual Dios hizo la creación, es la razón por la que Dios la hizo. Colosenses dice que "todo fue creado por medio de él y para él".

De hecho, "todas las cosas en él subsisten". Entonces, cuando Dios creó el mundo por medio de Jesús, se lo devolvió como un regalo. Comprender de quién es la creación es fundamental para encontrar la paz, la fe y el propósito.

La Palabra es vida y luz

Génesis 1:1-3 dice: "En el principio creó Dios los cielos y la tierra. Y la tierra estaba desordenada y vacía, y las tinieblas estaban sobre la faz del abismo, y el Espíritu de Dios se movía sobre la faz de las aguas. Y dijo Dios: Sea la luz; y fue la luz". La palabra *luz* en este pasaje es la vida misma. Es Cristo mismo, aunque también es Cristo quien habló como el portavoz de Dios, la Palabra.

Vemos esto en Juan 1:4-5, donde habla de Jesús: "En él estaba la vida, y la vida era la luz de los hombres. La luz en las tinieblas resplandece, y las tinieblas no prevalecieron contra ella". Jesús es la luz, la vida, que habló a la creación "el cual es sobre todos, y por todos, y en todos" (Efesios 4:6).

¿Qué relevancia tiene todo esto en el debate sobre la evolución que abrió este capítulo? Pues bien, claro está que la visión creacionista del principio de los tiempos también requiere fe. Sin embargo, los creacionistas creen que la vida produjo vida. Creen en alguien que está vivo y que también dio vida a otras cosas. Un Dios vivo produjo plantas vivas, animales vivos, personas vivas y todo el ciclo de la vida misma; pero, en la teoría de la evolución, la creencia descansa en la materia impersonal que crea una vida muy personal y ordenada.

Ambos sistemas de creencias requieren fe. Sin embargo, uno requiere fe en un ser vivo; el otro, fe en una materia combustible.

Cuando conoces a Jesús como la Palabra, te enfrentas cara a cara con su poder creativo y dador de vida. No solemos asociar estos atributos a Jesús. De alguna manera tenemos la noción de que Dios creó y ejecutó todo para sí mismo, y luego Jesús apareció siglos después. Sin embargo, este nombre revela una historia completamente distinta. Este nombre coloca a Jesús no solo como un participante activo en el proceso de la creación, sino también como la razón por la cual Dios hizo la creación. Él es el dador y receptor de la vida.

Para aplicar este atributo de Jesús a tu propia vida, primero debes entender que este nombre infunde vida. Cuando te conectas con la Palabra, te conectas con la fuente y el propósito de la vida.

Vimos que "en él estaba la vida" (Juan 1:4). La definición misma de la vida está en Jesús. Por lo tanto, una persona no puede definir la vida sin definirla a través de Jesús. Lo que significa que nunca podremos vivir plenamente la vida sin Jesucristo. Por eso, Hechos 17:28 aclara: "Porque en él vivimos, y nos movemos, y somos". Su vida es la nuestra. Sin Jesús, no tenemos vida. Y en Él tenemos la luz que necesitamos para vivir, porque su vida es "la luz de los hombres" (Juan 1:4). ¿Qué hace la luz? Nos permite ver. Entonces, en Jesús, podemos ver. No obstante, podría ser más fácil entender esta idea a la inversa: si no hay Jesús, no hay luz y las personas viven en oscuridad.

Por eso, cuando alguien rechaza a Jesucristo y su rol legítimo como el que creó todo y para quien todo fue creado, esa persona camina en oscuridad. Rechazar a Jesús significa rechazar la luz por la cual vivimos. Puede ser un rechazo de la salvación por parte de los no creyentes, pero también puede ocurrir en relación con la vida cotidiana de los creyentes. Cuando la perspectiva de Jesús no prevalece sobre tu perspectiva, lo estás rechazando. Cuando no permites que el gobierno de Jesús predomine sobre tus decisiones, lo estás rechazando. Cuando no permites que el amor de Jesús fluya de tu corazón a los demás, lo estás rechazando. Y rechazar a Cristo es apagar la luz. Es tropezar en la oscuridad. Es tropezar con el dedo del pie. Trastabillar. Caerte. Terminar perdido. Y mucho, mucho más, como sufrir consecuencias debido al pecado, el egoísmo y la terquedad del alma.

La luz siempre triunfa sobre la oscuridad. Siempre. No importa qué tan oscuro esté o cuánto tiempo haya estado oscuro, cuando enciendes una vela o una lámpara, todo cambia. La oscuridad tiene que huir ante la luz. Del mismo modo, cuando decides intencionalmente incorporar la perspectiva, los pensamientos y la voluntad de Jesús a tu vida y dejas que Él te gobierne como Señor, su luz expulsa la oscuridad que asedia tu vida. No tienes que luchar contra la oscuridad para alejarla: la luz del Señor la aleja. Él es la luz, y en su luz se encuentra la vida.

Muchos cristianos se mueven en oscuridad espiritual hoy porque no permiten que Jesús sea luz en sus vidas, sus decisiones o sus pensamientos. No permiten que su Palabra sea la última palabra a la hora de tomar decisiones. Cada vez que se excluye a Jesús, la oscuridad se filtra. Cada vez que se le excluye, la oscuridad finalmente gana. Dado que la creación se hizo por medio de Él y para Él, y todas las cosas en Él subsisten, no hay nada que toques, ningún lugar al que vayas y ninguna decisión que tomes que no esté, de alguna manera, vinculada a Él.

Sin embargo, muchos creyentes viven sus vidas y simplemente se acercan a Jesús con un gesto de saludo o un apretón de manos. Luego se preguntan por qué no pueden superar las dificultades de la vida o encontrar la satisfacción, la alegría y la vida abundante que Cristo nos dio al morir. Es simple saber por qué no pueden: la oscuridad gobierna cuando la luz se apaga.

En resumen: todo se trata de Jesús. Y, cuando decides no dar lugar a Jesús en tu vida, estás solo. Por eso las Escrituras nos advierten: "Si, pues, coméis o bebéis, o hacéis otra cosa, hacedlo todo para la gloria de Dios" (1 Corintios 10:31). Dios dejó claro que incluso algo tan terrenal y rutinario como comer debes hacerlo para su gloria. Después de todo, la razón por la que puedes comer es porque Jesús creó la comida. Creó la boca. Creó tu sistema digestivo. Y, lo que es más, todas las cosas en Él subsisten para que puedas funcionar. Comer sin reconocer que Él es tanto el dador como el sustentador de la vida es descartar su rol integral en toda la vida. Todo se creó para la gloria a Jesús.

El secreto de la vida es dar más y más gloria a Jesús. Porque, cuando lo haces, Él infunde más y más vida en ti y en todo aquello que haces. Como verás, el nombre Palabra no es tan solo una palabra. Este nombre representa la única razón por la que tú existes. Jesús, la Palabra, es el eje central de la vida. Es el dador de la vida y el propósito de la vida misma. En mi opinión, ignorar a Jesús es lo más perjudicial que podrías hacer.

La Palabra hecha carne

Leemos en Juan 1:14 (RVA-2015) que Jesús "se hizo carne y habitó entre nosotros". El término *habitó* en este versículo significa "*instaló una tienda de campaña*". Literalmente, el versículo dice: "La Palabra se hizo carne... [e instaló una tienda de campaña] entre nosotros". Un sinónimo de *tienda de campaña* es *tabernáculo*. La audiencia a quien Juan se dirigía comprendería lo que quería decir al escribir que la Palabra se hizo carne y se convirtió en un tabernáculo vivo entre ellos. Sabían el significado, porque conocían la historia de los israelitas en el desierto. Sabían que se había establecido un tabernáculo donde había un lugar único y especial llamado Lugar Santísimo. En esta área del tabernáculo se encontraba el arca del pacto. Por sobre el arca había dos querubines dorados que vigilaban el propiciatorio, donde habitaba la presencia de Dios. Dentro del arca descansaban las dos tablas que contenían los Diez Mandamientos (Éxodo 25:10-22).

Imagínate esto: la gloria de Dios estaba en la parte superior del arca, mientras que los Diez Mandamientos estaban dentro del arca bajo el propiciatorio. Y todo eso yacía dentro de los límites del Lugar Santísimo en el tabernáculo en medio del desierto.

Este es el escenario al que Juan hace referencia al presentar el concepto de que Jesús "instaló una tienda de campaña" entre nosotros. Él entró en un mundo impregnado de pecado, un desierto de almas, para traer la presencia de Dios por medio de su propia misericordia. Él vino para traer vida donde no había vida. Lo hizo por la humanidad de ese entonces, y lo sigue haciendo por nosotros hoy. Por eso puedo decir que no importa cuán árido sea tu desierto... o cuántas espinas y cardos hayan crecido en tus circunstancias... o cuántos cananeos, hititas, amorreos o jebuseos te hayan rodeado. No importa, porque se ha instalado una tienda de campaña justo en medio de tu existencia en el desierto. Y esa tienda de campaña es la Palabra hecha carne.

Jesús caminó por las calles de Israel. Habló. Comió. Hizo todas las cosas que hacen los humanos, pero las hizo como la Palabra manifiesta: la revelación de Dios. Por eso leemos en Juan 1:14 que "(...vimos su gloria, gloria como del unigénito del Padre), lleno de gracia y de verdad". Observa que este versículo dice "unigénito", lo que sugiere que Él es único en su clase. No hay nadie como Él. Nunca ha habido, ni habrá otro Jesús. De acuerdo con Colosenses 2:9, "en él habita corporalmente toda la plenitud de la Deidad". La plenitud de Dios Padre reside en Jesucristo.

Sin embargo, aunque esta plenitud reside en Él, descubrimos algo poderoso acerca de Él cuando leemos Filipenses 2:6-9:

> el cual, siendo en forma de Dios, no estimó el ser igual a Dios como cosa a que aferrarse, sino que se despojó a sí mismo, tomando forma de siervo, hecho semejante a los hombres; y estando en la condición de hombre, se humilló a sí mismo, haciéndose obediente hasta la muerte, y muerte de cruz. Por lo cual Dios también le exaltó hasta lo sumo, y le dio un nombre que es sobre todo nombre.

En este pasaje, descubrimos que, aunque Jesús era (y es) igual a Dios, no permitió que su igualdad le impidiera cumplir con su responsabilidad. Reconocía que tenía un rol que desempeñar, y voluntariamente cumplió ese rol. Cuando el pasaje dice que Jesús "se despojó a sí mismo", la frase proviene de la palabra griega *kenóo,* que significa "vaciar". Derramó toda su deidad en la humanidad y se convirtió en siervo de su propósito. Tomó forma de siervo para traernos la salvación. Se humilló hasta el punto de morir para que nosotros pudiéramos vivir.

Por eso, comprender el significado de este nombre de Jesús, la Palabra, es tan decisivo. Porque no es alguien cualquiera quien se despojó a sí mismo para ser siervo. No, sino Él es por medio de quién, por quién y para quién existen todas las cosas. Es en Él que todas las cosas subsisten. La fuente de la vida misma renunció a su propia vida para que nosotros podamos vivir.

El suyo no es un pequeño sacrificio. No lo hizo porque no tenía nada mejor que hacer. El suyo es el mayor sacrificio de todos los tiempos. Y lo hizo voluntariamente para volver a colocar el gobierno del Rey sobre los corazones de la humanidad.

Una de las razones por las que más cristianos no ven a Dios obrar en sus vidas es porque no permiten que Jesús lleve a cabo lo que hizo mediante su sacrificio. A través de su vida y su muerte, trajo el tabernáculo viviente a nuestra vida para que pudiéramos tener acceso al pleno poder de Dios en todo lo que hacemos. Sin embargo, si solo visitamos ese tabernáculo vivo durante unas pocas horas el domingo o durante un devocional de cinco minutos para comenzar el día, no tendremos la luz y la vida que necesitamos en cada momento de cada día. ¿De qué sirve una linterna escondida en tu cajón?

Jesús es la luz de la vida, pero sus pensamientos, su perspectiva, su corazón y sus intenciones deben alumbrar tus pensamientos, tu perspectiva, tu corazón y tus intenciones. De lo contrario, estás viviendo en oscuridad y no tienes acceso a la victoria que te pertenece legítimamente a través de la cruz.

La Palabra es Dios encarnado. La Palabra es vida. La Palabra es luz. Al igual que el oxígeno a los pulmones y las células del cuerpo, la Palabra tiene todo lo que necesitamos para vivir abundantemente. Sin embargo, tan pronto como lo descartamos, lo ignoramos o lo rechazamos, suprimimos la esencia de la vida misma. Y luego nos preguntamos por qué las cosas se están desmoronando.

Solo en la búsqueda intencional y continua de su presencia, su propósito, su poder y su perspectiva cuando permaneces en su Palabra escrita (la Biblia) y con su Espíritu, experimentarás la plenitud de la vida que deseas. Como declara Colosenses 3:16: "La palabra de Cristo more en abundancia en vosotros". Busca la intimidad con Jesús a través de su Palabra y, al conocerlo a Él, tendrás vida (Juan 17:3). Porque, desde el principio, Jesús ha sido la vida, la luz y la manifestación viva de la deidad que gobierna sobre todas las cosas, dispone todas las cosas y por quien todas las cosas subsisten.

Hay algo asombroso en ese nombre

Se cuenta la historia de un hombre rico que un día se dirigía a un banco cuando se encontró con un mendigo, y le preguntó cómo había terminado en la calle. El mendigo le explicó que había ido a la universidad, pero cometió errores que arruinaron su vida, y ahora no tenía nada. El hombre rico sintió lástima de él y le hizo un cheque por una gran suma de dinero para que pudiera tener la oportunidad de comenzar una nueva vida.

Sin embargo, a la semana siguiente, cuando el hombre rico se dirigía al banco otra vez, vio al mismo hombre sentado allí pidiendo limosna. Preocupado, el hombre rico se acercó al mendigo y le preguntó por qué todavía estaba en la calle. El mendigo le respondió: "Cuando fui al banco a cobrar el cheque, no creyeron que el cheque fuera real. Echaron un vistazo a mi ropa y mi cabello, sintieron cómo olía y determinaron que ese cheque no podía ser mío. Así que aquí estoy. Supongo que no voy a poder progresar".

El hombre rico tomó inmediatamente al mendigo de la mano y entró al banco con él. Dijo que no importaba cómo estaba vestido, cuánto tiempo hacía que no se lavaba el cabello o lo mal que olía. Lo único que importaba era el nombre de quien había firmado el cheque. Como puedes imaginar, el mendigo pudo cobrar el cheque de inmediato.

Amigo, no sé cuán mal puedas estar hoy. No sé lo caótica que pueda ser tu vida; pero sí sé que hay un nombre sobre todo nombre, bajo el cual todo debe inclinarse. Todos los demonios deben someterse a ese nombre. Todas las circunstancias deben someterse a ese nombre. Todos los problemas deben someterse a ese nombre. Porque en ese nombre se encuentra toda autoridad, todo poder, toda compasión, todo tiempo, todo poder, toda paz y toda sabiduría. Como dice el salmista: "Engrandeced a Jehová conmigo, y exaltemos a una su nombre" (Salmos 34:3).

Los nombres de Jesús te otorgan el poder y la capacidad de vivir tu vida al máximo. Hemos mencionado varios de esos nombres a lo largo de este libro, pero espero que no dejes de seguir conociendo a Jesús. Hay muchos, muchos nombres más. De hecho, se encuentran a lo largo de las Escrituras, ya sea directa o indirectamente. Él rescata, alimenta, provee, consuela, guía, da, ama y pelea la batalla por ti.

De hecho, hay tantos nombres de Jesús que tuve que elegir solo algunos para estudiar juntos. Sin embargo, a medida que concluimos nuestro estudio sobre los nombres de Jesús, recordemos quién es Él a lo largo de las Escrituras. La lista a continuación incluye nombres y frases descriptivas que hablan de Jesús, quien encarna la plenitud de Dios mismo:

En Génesis, es el Dios Creador.

En Éxodo, es el redentor.

En Levítico, es tu santificación.

En Números, es tu guía.

En Deuteronomio, es tu maestro.

En Josué, es el poderoso conquistador.

En Jueces, es el que te da la victoria sobre los enemigos.

En Rut, es tu pariente, tu amante, tu redentor.

En 1 Samuel, es la raíz de Isaí.

En 2 Samuel, es el Hijo de David.

En 1 y 2 Reyes, es Rey de reyes y Señor de señores.

En 1 y 2 Crónicas, es tu intercesor y Gran Sumo Sacerdote.

En Esdras, es tu templo, tu casa de adoración.

En Nehemías, es tu poderoso muro, que te protege de tus enemigos.

En Ester, es el que se coloca en la brecha para librarte de tus enemigos.

En Job, es el árbitro que no solo entiende tus luchas, sino que también tiene el poder de hacer algo al respecto.

En Salmos, es tu canción y tu razón para cantar.

En Proverbios, es tu sabiduría, que te ayuda a encontrar sentido a la vida y vivirla con éxito.

En Eclesiastés, es tu propósito, que te libra de la vanidad.

En el Cantar de los Cantares, es tu amante, tu rosa de Sarón.

En Isaías, es tu Consejero maravilloso, Dios poderoso, Padre eterno y Príncipe de paz. En resumen, es todo lo que necesitas.

En Jeremías, es tu bálsamo de Galaad, el ungüento que calma tu alma.

En Lamentaciones, es siempre fiel, en quien siempre puedes confiar.

En Ezequiel, es el que vuelve a dar vida a los huesos secos y muertos.

En Daniel, es el Anciano de días, el Dios eterno que nunca se queda sin tiempo.

En Oseas, es tu amante fiel, que siempre te hace señas para que regreses, incluso cuando lo has abandonado.

En Joel, es tu refugio, que te mantiene a salvo en tiempos de problemas.

En Amós, es el labrador, en quien puedes confiar que estará a tu lado.

En Abdías, es el Señor del reino.

En Jonás, es tu salvación, que te reencauza en su voluntad.

En Miqueas, es el juez de la nación.

En Nahúm, es el Dios celoso.

En Habacuc, es el Santo.

En Sofonías, es el testigo.

En Hageo, derrota a los enemigos.

En Zacarías, es el Señor de los ejércitos.

En Malaquías, es el mensajero del pacto.

En Mateo, es el rey de los judíos.

En Marcos, es el siervo.

En Lucas, es el Hijo del Hombre, que siente lo que tú sientes.

En Juan, es el Hijo de Dios.

En Hechos, es el Salvador del mundo.

En Romanos, es la justicia de Dios.

En 1 Corintios, es la roca que siguió a Israel.

En 2 Corintios, es el triunfador que te da la victoria.

En Gálatas, es tu libertad; el que te libera.

En Efesios, es la cabeza de la Iglesia.

En Filipenses, es tu alegría.

En Colosenses, es tu plenitud.

En 1 Tesalonicenses, es tu esperanza.

En 2 Tesalonicenses, es tu gloria.

En 1 Timoteo, es tu fe.

En 2 Timoteo, es tu estabilidad.

En Tito, es Dios tu Salvador.

En Filemón, es tu benefactor.

En Hebreos, es tu perfección.

En Santiago, es el poder detrás de tu fe.

En 1 Pedro, es tu ejemplo.

En 2 Pedro, es tu pureza.

En 1 Juan, es tu vida.

En 2 Juan, es tu modelo.

En 3 Juan, es tu motivación.

En Judas, es el fundamento de tu fe.

En Apocalipsis, es tu Rey venidero.

De principio a fin, no hay lugar donde puedas ir y no descubrir a Jesús. Él está sobre todo. Está en todo. Es nuestro todo en todo.

Hay algo asombroso en el nombre de Jesús. De modo que procura usar el nombre e identificarte públicamente con Él, luego prepárate a sufrir debido a tu asociación con Él, y finalmente anuncia su nombre mientras testificas a otros acerca de tu Salvador.

EL DR. TONY EVANS Y LA ALTERNATIVA URBANA

Acerca del Dr. Tony Evans

El Dr. Tony Evans es el fundador y pastor principal de la Iglesia Oak Cliff Bible Fellowship de Dallas, fundador y presidente de The Urban Alternative [La Alternativa Urbana], capellán de los Dallas Mavericks de la NBA, y autor de *El poder de los nombres de Dios, Victoria en la guerra espiritual* y muchos otros. Ha sido el primer afroamericano en obtener un doctorado en teología del Seminario Teológico de Dallas, y distinguido por Baylor University como uno de los doce predicadores más prestigiosos del mundo de habla inglesa. Su emisión radial, *The Alternative with Dr. Tony Evans*, se puede escuchar a diario en más de 1.300 medios de difusión estadounidenses y en más de 130 países.

La Alternativa Urbana

La Alternativa Urbana (TUA, por sus siglas en inglés) capacita, fortalece y une a los cristianos para influenciar a individuos, familias, iglesias y comunidades. TUA promueve una cosmovisión que se basa completamente en la agenda del reino de Dios. Mediante la enseñanza de la verdad, buscamos transformar vidas.

La raíz de los problemas que enfrentamos en nuestra vida personal, nuestro hogar, nuestras iglesias y nuestra sociedad es espiritual. Por lo tanto, la única forma de abordar estos problemas es espiritual. Hemos intentado con las agendas políticas, sociales, económicas y religiosas, pero no han producido una transformación duradera. Es hora de poner en marcha la agenda del reino: la manifestación visible de la norma integral de Dios en cada ámbito de la vida.

El tema central y unificador de la Biblia es la gloria de Dios mediante el avance de su reino. Este es el hilo conductor desde Génesis hasta Apocalipsis, de principio a fin. Sin ese tema, la Biblia es una colección disociada de historias que inspiran, pero que parecen no estar relacionadas en su propósito y dirección. La Biblia existe para mostrar el mover de Dios en la historia hacia el establecimiento y la expansión de su reino, con énfasis en la interrelación de principio a fin. Esta comprensión aumenta la relevancia de estos escritos antiguos en nuestra vida cotidiana, porque el reino no es solo entonces; sino también ahora.

La ausencia de influencia del reino en nuestras propias vidas, familias, iglesias y comunidades ha derivado en un deterioro catastrófico en nuestro mundo.

- Las personas llevan una vida segmentada y compartimentada porque carecen de la perspectiva del reino de Dios.

- Las familias se desintegran, porque existen para su propia satisfacción y no para el reino.

- Las iglesias tienen una influencia limitada, porque no comprenden que el objetivo de la iglesia no es la iglesia misma, sino el reino.

- Las comunidades no tienen a dónde recurrir para encontrar soluciones reales para personas reales con problemas reales; porque la iglesia se ha dividido, ha crecido para adentro y es incapaz de transformar de manera significativa el panorama cultural.

La agenda del reino nos ofrece una forma de vivir con una esperanza sólida al optimizar las soluciones del cielo. Cuando Dios y su gobierno no son la norma de autoridad final sobre todo, se pierde el orden y la esperanza. Sin embargo, también es cierto que mientras tengamos a Dios, tenemos esperanza. Si Dios todavía está en escena, y su agenda siga en marcha, no todo está perdido.

Si las relaciones fallan, Dios nos sostendrá. Si las finanzas disminuyen, Dios cuidará de nosotros. Si los sueños mueren, Dios nos revivirá. Mientras Dios y su autoridad guíen nuestra vida, familia, iglesia y comunidad, siempre habrá esperanza.

Nuestro mundo necesita la agenda del Rey. Nuestras iglesias necesitan la agenda del Rey. Nuestras familias necesitan la agenda del Rey.

En muchas ciudades importantes, los conductores pueden tomar una carretera que rodea la ciudad para llegar al otro lado sin tener que atravesar el centro de la ciudad. Esta carretera los lleva suficientemente cerca de la ciudad de tal manera que ven sus imponentes edificios y el horizonte, pero no al grado de experimentar la ciudad misma.

Esto es precisamente lo que nuestra cultura ha hecho con Dios. Lo hemos puesto en la "carretera que bordea" nuestra vida personal, familiar, la iglesia y la comunidad. Está lo bastante cerca por si lo necesitamos en una emergencia, pero demasiado lejos para ser el centro de nuestra vida misma.

Lamentablemente, a menudo queremos que Dios esté en la "carretera que bordea" nuestra vida, pero no siempre queremos que el Rey de la Biblia llegue al centro de nuestra vida. Dejar a Dios en la "carretera que bordea" trae consecuencias terribles, como lo hemos visto en nuestras propias vidas y en la vida de otros. Sin embargo, cuando hacemos de Dios y su autoridad la pieza central de todo lo que pensamos, hacemos y decimos, lo experimentamos de la manera que Él desea que lo hagamos.

Él quiere que seamos personas del reino con una mente del reino para poder cumplir con los propósitos de su reino. Él quiere que oremos como lo hizo Jesús: "No se haga mi voluntad, sino la tuya". Porque suyo es el reino, el poder y la gloria.

Solo hay un Dios y nosotros no somos Él. Como Rey y Creador, Dios es el que manda. Solo cuando nos colocamos bajo su mano soberana, accederemos a todo su poder y autoridad en nuestras vidas, familias, iglesias y comunidades.

A medida que aprendamos a someternos a la autoridad de Dios, transformaremos la institución de la familia, la iglesia y la sociedad de acuerdo con una visión del mundo basada en la Biblia. Sometidos a Dios, tocamos el cielo y transformamos la tierra.

Para lograr nuestro objetivo, utilizamos una variedad de

estrategias, métodos y recursos para alcanzar y capacitar a tantas personas como sea posible.

Medios de difusión

Millones de personas experimentan *The Alternative with Dr. Tony Evans* [*La alternativa con el Dr. Tony Evans*], una transmisión diaria que se difunde en más de 1.300 estaciones de radio y en más de 100 países. La transmisión también se puede ver en varias cadenas de televisión, en línea en tonyevans.org y en la aplicación gratuita Tony Evans. Más de cuatro millones de descargas de mensajes se realizan cada año.

Capacitación de líderes

El *Centro de Capacitación Tony Evans* (TETC, por sus siglas en inglés) facilita la programación educativa que refleja la filosofía del ministerio del Dr. Tony Evans expresada mediante la agenda del reino. Los cursos de capacitación se centran en el desarrollo del liderazgo y el discipulado en cinco ramas:

- Biblia y teología

- Crecimiento personal

- Familia y relaciones

- Desarrollo del liderazgo y la salud de la iglesia

- Influencia en la sociedad y la comunidad

Pastores de la Agenda del Reino (KAP, por sus siglas en inglés) ofrece una red viable para pastores con ideas afines que adoptan la filosofía de la agenda del reino. Los pastores tienen la oportunidad de profundizar con el Dr. Tony Evans, ya que reciben mayor conocimiento bíblico, aplicaciones prácticas y recursos para influenciar a individuos, familias, iglesias y comunidades. KAP acepta pastores principales y asociados de todas las iglesias. También ofrece una cumbre que se realiza cada año en Dallas, Texas, con seminarios intensivos, talleres y recursos.

El *Ministerio de Esposas de Pastores*, fundado por la Dra. Lois Evans, ofrece consejo, estímulo y recursos espirituales para las esposas de los pastores que sirven junto a sus maridos en el ministerio. Un objetivo principal del ministerio es la cumbre que se ofrece a las esposas de pastores principales como un lugar seguro para reflexionar, renovarse y descansar, junto con capacitación en el desarrollo personal, el crecimiento espiritual y el cuidado de su bienestar emocional y físico.

Influencia en la comunidad

La *Iniciativa Nacional para la Iglesia: Adopta-una-escuela* (NCAASI, por sus siglas en inglés) capacita a las iglesias de todo el país para tener influencia en las comunidades mediante el uso de las escuelas públicas como vehículos principales para lograr un cambio social positivo en la juventud y las familias urbanas. Líderes de las iglesias, distritos escolares, organizaciones religiosas y otras organizaciones sin fines de lucro reciben los conocimientos y las herramientas para desarrollar alianzas y construir sólidos sistemas de prestación de servicios sociales. Esta capacitación se basa en la estrategia integral de influencia comunitaria dirigida por la iglesia Oak Cliff Bible Fellowship. Esta aborda áreas tales como el desarrollo económico, la educación, la vivienda, la revitalización de la salud, la renovación familiar y la reconciliación racial. Ayudamos a las iglesias a adaptar el modelo para satisfacer las necesidades específicas de sus comunidades, al mismo tiempo que abordamos el marco de referencia espiritual y moral. Las clases de capacitación se llevan a cabo anualmente en el área de Dallas en la iglesia Oak Cliff Bible Fellowship.

Influencia para Atletas (AI, por sus siglas en inglés) es un programa para alcanzar a los atletas por medio del deporte. A menudo los entrenadores son los adultos más influyentes en la vida de los jóvenes, incluso más que los padres. Con el creciente aumento de familias sin un padre en nuestra cultura, más jóvenes recurren a sus entrenadores en busca de orientación, desarrollo del carácter, necesidades prácticas y esperanza. Los atletas (profesionales o aficionados) también tienen influencia en los deportistas y niños más jóvenes. Ante esta realidad, nuestro objetivo es enseñar y capacitar a entrenadores y atletas para que vivan y utilicen la función que Dios les ha dado en beneficio del reino. Nuestro objetivo es hacerlo mediante nuestra aplicación iCoach, weCoach Football Conference y otros recursos, como *The Playbook: A Life Strategy Guide for Athletes* [Una guía de estrategia de vida para atletas].

Desarrollo de recursos

Estamos fomentando alianzas de aprendizaje permanente con las personas a quienes servimos mediante una variedad de materiales publicados. El Dr. Evans ha publicado más de 100 títulos únicos (folletos, libros y estudios bíblicos) basados en más de 40 años de predicaciones. El objetivo es fortalecer a las personas en su vida cristiana y servir a otros.

Para obtener más información y un ejemplar complementario del boletín devocional del Dr. Evans,

llama al
(800) 800-3222 (Estados Unidos)

o escribe a:
TUA,
PO Box 4000,
Dallas, TX 75208

o visita nuestro sitio en la Internet:
www.TonyEvans.org

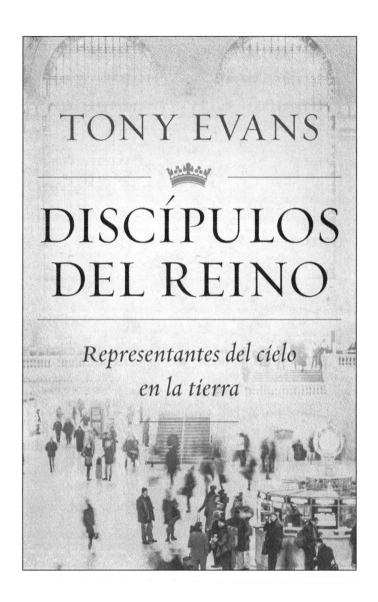

TONY EVANS

DISCÍPULOS DEL REINO

Representantes del cielo en la tierra

Hay una fuerza que falta en el cristianismo hoy. Es crítica, y su ausencia ha resultado en creyentes débiles, familias desintegradas, iglesias ineficaces y una cultura en decadencia. Sin ella, nos falta lo que necesitamos para vivir plenamente como representantes del cielo en la tierra.

Esa fuerza que falta es el discipulado. En *Discípulos del Reino*, Tony Evans describe una definición de discipulado simple y fácil de aplicar para ayudar a la iglesia a cumplir su llamado.

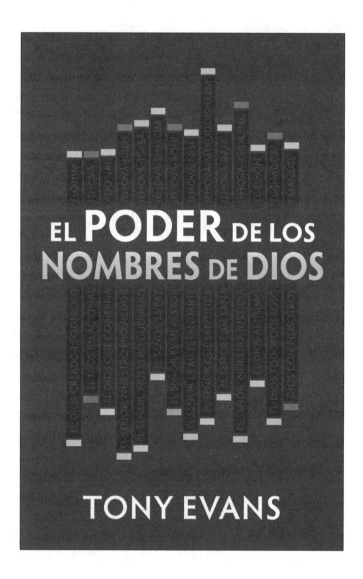

EL **PODER** DE LOS
NOMBRES DE **DIOS**

TONY EVANS

En esta vida hay problemas…pero DIOS tiene un NOMBRE para todos y cada uno de ellos.

Al estudiar y comprender los rasgos de Dios tal como se revelan mediante sus nombres, estarás más preparado para enfrentarte a la adversidad y a la victoria, a la pérdida y a la provisión y a todos los desafíos de esta vida.

EL **PODER** DE LOS
NOMBRES DE **DIOS**
EN LA **ORACIÓN**

TONY EVANS

En *El poder de los nombres de Dios en la oración*, el doctor Tony Evans revela una visión fascinante de algunos de los nombres poderosos de Dios y te ofrece varias oraciones basadas en esos nombres. Renovarás tu vida de oración al conectar tus necesidades y peticiones con la característica específica del nombre de Dios que se aplica a tu situación.

EDITORIAL
PORTAVOZ

NUESTRA VISIÓN

Maximizar el efecto de recursos cristianos de calidad que transforman vidas.

NUESTRA MISIÓN

Desarrollar y distribuir productos de calidad —con integridad y excelencia—, desde una perspectiva bíblica y confiable, que animen a las personas a conocer y servir a Jesucristo.

NUESTROS VALORES

Nuestros valores se encuentran fundamentados en la Biblia, fuente de toda verdad para hoy y para siempre. Nosotros ponemos en práctica estas verdades bíblicas como fundamento para las decisiones, normas y productos de nuestra compañía.

Valoramos la excelencia y la calidad.
Valoramos la integridad y la confianza.
Valoramos el mérito y la dignidad de los individuos y las relaciones.
Valoramos el servicio.
Valoramos la administración de los recursos.

Para más información acerca de nuestra editorial y los productos que publicamos visite nuestra página en la red: www.portavoz.com.